한 권으로 끝내는
사회통합 프로그램 중간평가 15일 완성

(주)박이정

한 권으로 끝내는
사회통합 프로그램 중간평가 15일 완성

초판 인쇄   2022년 8월 24일
초판 발행   2022년 8월 31일

지은이   KIIP 사통교육프로그램연구회
펴낸이   박찬익
편집   책봄
책임편집   권효진
펴낸곳   ㈜박이정
주소   경기도 하남시 조정대로 45 미사센텀비즈 F749호
전화   031-792-1195
팩스   02-928-4683
홈페이지   www.pjbook.com
이메일   pijbook@naver.com
등록   2014년 8월 22일 제2020-000029호
제작처   광진문화
ISBN   979-11-5848-817-8   13310

* 책의 정가는 뒷표지에 있습니다.

KIIP 사통교육프로그램연구회 지음

KIIP
4단계

한 권으로 끝내는

사회통합 프로그램

중간평가

15일 완성

실전 모의고사

- ○ 전면 개정된 최신 교재 및 시험 분석
- ○ 실전모의고사 5회분 + 교재 문법 연습 수록
- ○ 혼자서 공부할 수 있는 친절한 해설

(주)박이정

『한 권으로 끝내는 사회통합 프로그램 중간평가 15일 완성』은 사회통합프로그램 (KIIP) 중간평가(4단계)를 대비하는 외국인 학습자를 위한 시험 대비서입니다. 특히 이 책은 학습자들이 짧은 시간 안에 중간평가에 자주 출제되는 문법과 어휘를 공부하고 실전문제로 자신의 실력을 확인할 수 있도록 구성하였습니다. 또한 쓰기와 말하기 시험을 봐야 하는 학습자들이 이러한 시험 형태에 익숙해질 수 있도록 실제 시험과 유사한 문제와 모범 답안을 함께 제시하였습니다.

많은 학습자들이 사회통합프로그램 기관에서 한국어를 배우고 있지만 중간평가를 준비하는 데에는 대부분 어려움을 겪고 있습니다. 그 이유는 크게 다음과 같이 생각해 볼 수 있습니다.

1) KIIP 중간평가에 응시해 본 적이 없어 시험 출제 유형에 익숙하지 않다.
2) KIIP 중간평가를 준비하기 위해 혼자 학습할 수 있는 적절한 책이 없다.
3) 사회통합프로그램 과정에서 배운 단어와 문법, 주제들이 너무 방대하다.

이러한 문제로 고민하는 학습자들을 위하여 이 책은 KIIP 중간평가를 준비하는 데 반드시 알아야할 문법과 단어, 주제를 선정하고, 이를 가장 실제 시험과 가깝게 재구성하였습니다.

먼저 법무부에서 사회통합프로그램의 교재로 지정한 『법무부 사회통합프로그램 (KIIP) 한국어와 한국문화 중급1과 중급2』교재와 법무부 홈페이지에 공개된 시험 문제를 분석하였습니다. 그리고 이에 포함된 모든 문법과 주요 단어들을 모의고사 5회에 적절하게 나누어 배치하였습니다. 이는 시간이 충분하지 못한 학생일지라도 사회통합프로그램 수업에서 다룬 모든 문법과 주제를 살펴보며 시험을 대비할 수 있도록 하기 위함입니다. 그뿐만 아니라 자세한 문제 풀이를 통해 학습자는 KIIP 중간평가가 어떤 방식으로 출제되는지를 이해할 수 있도록 했고 시험 문제에 대한 감각을 익힐 수 있도록 구성하였습니다.

이 책을 통해 KIIP 중간평가를 대비하는 외국인 학습자들이 공부의 방향을 잃지 않고 효율적으로 시험을 준비하여 좋은 결과를 얻기를 바랍니다.

이 책은 5회의 모의고사를 통해 어휘와 문법, 읽기, 쓰기, 말하기 모든 영역을 골고루 공부할 수 있도록 구성되어 있습니다.

1. 학습 계획표

학습자의 다양한 상황에 맞는 3가지 일정표를 제공합니다.
준비 기간에 따라 5일, 10일, 15일의 일정 중 자유롭게 선택하여 시험을 준비할 수 있어요.

학습 스케줄표 Study plan

5일 완성

월 일	월 일	월 일	월 일	월 일
제1회 실전모의고사	제2회 실전모의고사	제3회 실전모의고사	제4회 실전모의고사	제5회 실전모의고사
제1회 실전문법연습	제2회 실전문법연습	제3회 실전문법연습	제4회 실전문법연습	제5회 실전문법연습

10일 완성

월 일	월 일	월 일	월 일	월 일
제1회 실전모의고사	제1회 실전문법연습	제2회 실전모의고사	제2회 실전문법연습	제3회 실전모의고사
월 일	월 일	월 일	월 일	월 일
제3회 실전문법연습	제4회 실전모의고사	제4회 실전문법연습	제5회 실전모의고사	제5회 실전문법연습

2. 실전 모의고사

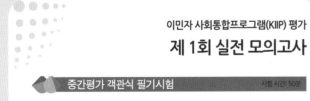

이민자 사회통합프로그램(KIIP) 평가
제 1회 실전 모의고사

중간평가 객관식 필기시험 시험 시간: 50분

[1-3] 다음 (   )에 가장 알맞은 것을 고르시오.

1. 마트에서 물건을 살 때는 (   )이/가 얼마나 남았는지 꼼꼼하게 살펴봐야 한다.
   ① 유통 기한   ② 이월 상품   ③ 식품 매장   ④ 과다 섭취

2. 아침에 알람이 울리는 소리를 못 들어서 (   ) 지각할 뻔했어요.
   ① 한편   ② 미처   ③ 수시로   ④ 하마터면

실제 시험과 같은 유형의 문제를 연습하면서 다양한 어휘와 문법, 읽기와 한국 문화를 공부할 수 있어요.

실제 시험과 같은 유형의 문제를 통해 다양한 주제의 쓰기 연습을 할 수 있어요. →

중간평가 작문형 필기시험
시험 시간: 10분

[29-30] 다음 내용을 포함하여 '스마트폰 중독과 예방'이라는 제목으로 100자로 글을 쓰시오.

◆ 스마트폰 중독의 원인은 무엇인가?
◆ 스마트폰 중독을 해결하기 위한 방법에는 어떤 것이 있는가?

※ 작문 시험 시간은 10분이며, 답안지에는 제목을 쓰지 말고 본문만 쓰시오.

원고지가 같이 제공되어 원고지 사용법에 익숙해질 수 있도록 했어요. →

중간평가 구술시험

※ 다음 그림을 보고 구술감독관의 질문에 답하여 주시기 바랍니다.

← 그림을 보면서 다양한 주제에 대해 말하기 연습을 할 수 있어요. 휴대폰으로 녹음이나 동영상을 찍으면서 연습을 하면 실제 시험에서 당황하지 않고 잘할 수 있을 거예요.

1. 그림은 어떤 장면입니까?

3. 실전 모의고사 정답 및 해설

실전 모의고사 문제를 푼 후에 정답을 확인할 →
수 있어요.

* 표를 보세요!!
**중요한 단어의 뜻을 설명해 주어서 사전을 찾지 →
않고도 쉽게 공부할 수 있어요. 같이 공부할 수
있는 비슷한 단어나 함께 자주 사용하는 단어도
나와 있으니까 꼭 공부해 주세요.**

중간평가 객관식 필기시험　시험 시간: 50분

1	2	3	4	5	6	7
①	④	②	③	④	①	②
8	9	10	11	12	13	14
①	④	②	①	②	②	③
15	16	17	18	19	20	21
②	①	③	③	③	①	①
22	23	24	25	26	27	28
③	②	①	①	②	④	①

[1-3] 다음 (　　　)에 가장 알맞은 것을 고르시오.

1. 마트에서 물건을 살 때는 (　　　)이/가 얼마나 남았는지 꼼꼼하게 살펴봐
   한다.

   ① 유통 기한ˣ　　　　　　　② 이월 상품 (팔지 못해 남은 상품)

   ③ 식품 매장 (마트에서 식품을 파는 곳)　④ 과다 섭취 (너무 많이 먹었어요)

   ＊　우유처럼 신선한 식품은 언제까지 먹을 수 있는지 날짜를 알려 주는 부분이 있어요.
   '유통': 상품이 생산자에게서 소비자에게 도착하기까지의 여러 단계
   '기한': 어떤 것을 정해 놓은 시간

16. 꼬리가 길면 밟히는 법이다.*

　① 꼬리가 길면 밟혀야 한다.

　② 꼬리가 길면 밟히면 된다.

　③ **꼬리가 길면 밟히기 마련이다.**

　④ 꼬리가 길면 밟히려던 참이다.

　* '-는 법이다'와 '-기 마련이다' 모두 그렇게 되는 것이 당연하다고 말할 때 사용해요. 여기서는 나쁜 일을 다른 사람 모르게 해도 계속 하면 결국 다른 사람이 알게 된다는 의ㅁ

두 문법을 비교하거나 문법을 사용할 때 주의
사항 등이 정리되어 있어요. 문법 해설을 잘
공부하면 시험 준비에 도움이 될 거예요.

19. 이 글의 내용과 같은 것을 고르시오.

　　저는 한국에 온 지 2년이 되었습니다. 처음 한국에 왔을 때는
　등 모든 게 낯설고 고향의 가족들과 친구들이 그리워서 무척 ㅎ
　그렇지만 피부 미용사가 되고 싶은 꿈이 있었기 때문에 한국어
　우고 피부 미용 기술도 배우면서 앞만 보고 달렸습니다. 조금
　아르바이트를 하면서 자신감도 생기고 주변을 돌아볼 만큼 여
　같습니다. 역시 고생 끝에 낙이 온다*는 말이 맞는 것 같습니다.

　① 이 사람은 한국어에 대한 자신감을 갖고 있다.

　　→ 처음 한국에 왔을 때 언어가 낯설었다.

　② 이 사람은 처음 한국에 왔을 때 무척 설레었다.

　　→ 무척 힘들었다.

　③ 이 사람은 아르바이트 때문에 아직 여유가 없다.

　　→ 처음과 달리 지금은 여유가 생겼다.

　④ **이 사람은 힘든 일이 지나고 나면 행복해진다고 믿는다.**

　* 어려운 일이나 힘든 일 뒤에 반드시 즐겁고 좋은 일이 생긴다는 뜻이에요.

읽기 문제에서 왜 답이 틀렸는지 자세하게
설명되어 있어서 지문 내용을 더 정확하게
이해할 수 있어요.

[29-30] 다음 내용을 포함하여 '과학의 발전과 생활의 변화'라는 제목으로 100자 이내로 글을 쓰시오.

◆ 과학의 발전으로 우리에게 편리함을 준 제품은 무엇입니까?
◆ 그 제품이 우리의 생활에 어떤 변화를 가져왔습니까?

※ 작문 시험 시간은 10분이며, 답안지에는 제목을 쓰지 말고 본문만 쓰시오.

과	학	의		발	전	으	로		우	리	에	게		편	리	함	을
준		제	품	은		핸	드	폰	이	다	.		핸	드	폰	은		원	래
전	화	를		하	는		물	건	이	지	만		요	즘	에	는		핸	드
폰	으	로		영	화	를		볼		뿐	만		아	니	라		쇼	핑	도
할		수		있	고		은	행		일	도		볼		수		있	다	.

원고지에 써 있는 모범 답안을 보면서 원고지 사용법을 익힐 수도 있고 띄어쓰기도 확인할 수 있어요. →

※ 다음 그림을 보고 구술감독관의 질문에 답하여 주시기 바랍니다.

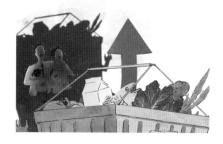

모범 답안과 자신의 답안을 비교하면서 상황에 대한 정확한 설명을 할 수 있게 연습하여 말하기 시험을 대비할 수 있어요. →

1. 그림은 어떤 장면입니까?

→ 가족들이 마트에서 물건을 사다가 가격이 너무 비싸서 깜짝 놀라는 장면입니다.

2. 생활에서 물가 변화가 크다고 느낀 품목은 무엇입니까?

→ 물가가 많이 올랐는데 특히 고기나 채소, 계란처럼 요리할 때 사용하는 재료 가격이 많이 올랐다고 생각합니다.

3. 최근에 경험하거나 뉴스에서 본 경제 문제는 무엇입니까?

→ 자동차 기름 값이 많이 올라서 사람들이 힘들다고 말하는 뉴스를 봤습니다.

4. 실전 문법 연습

5회의 문법 연습을 통해 사회통합 프로그램에서 학습한 문법을 확실하게 연습할 수 있어요. "실전 문법 연습"을 잘 공부한다면 사회통합 프로그램 중간평가는 문제 없지요!!

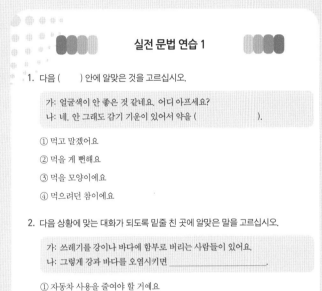

실전 문법 연습 1

1. 다음 (   ) 안에 알맞은 것을 고르십시오.

> 가: 얼굴색이 안 좋은 것 같네요. 어디 아프세요?
> 나: 네. 안 그래도 감기 기운이 있어서 약을 (   ).

① 먹고 말겠어요
② 먹을 게 뻔해요
③ 먹을 모양이에요
④ 먹으려던 참이에요

2. 다음 상황에 맞는 대화가 되도록 밑줄 친 곳에 알맞은 말을 고르십시오.

> 가: 쓰레기를 강이나 바다에 함부로 버리는 사람들이 있어요.
> 나: 그렇게 강과 바다를 오염시키면 _____.

① 자동차 사용을 줄여야 할 거예요
② 일회용품을 사용하지 않아야 해요
③ 곧 마실 물이 부족해질지도 몰라요
④ 자연이 얼마나 심하게 파괴됐는데요

차례 Table of Contents

01 실전 모의고사

02 실전 모의고사 정답 및 해설

03 실전 문법 연습

KIIP은 Korea Immigration & integration program의 약자로 이민자의 국내생활에 필요한 한국어, 경제, 사회, 법률 등 기본소양을 체계적으로 습득할 수 있도록 지원하는 프로그램입니다.

➲ 법무부에서는 사회통합프로그램과 관련한 모든 내용을 여러 언어로 번역하여 홈페이지에 공개하고 있습니다. 태국, 필리핀, 몽골어, 러시아, 베트남, 캄보디아, 영어, 중국어, 한국어로 번역된 자료를 참고해 주세요.

소시넷(https://www.socinet.go.kr/) ➡ 알림마당 ➡ 자료실

KIIP을 이수하면?

이 프로그램을 이수한 이민자에게는 국적취득 필기시험을 면제 등 다양한 인센티브를 제공합니다. 귀화필기시험이 사회통합프로그램 귀화용 종합평가로 대체되어 실시되며, 단계에 따라 귀화면접심사가 면제되기도 합니다. 또한 국적심사 대기시간이 단축되고 체류자격 신청 시 가점이 부여되는 등 다양한 혜택을 제공하고 있습니다.

→ 이수혜택과 기준은 조금씩 달라지는 경우가 있습니다. 시험을 준비하는 해에 공지된 '소시넷((https://www.socinet.go.kr/)' 소시넷 자료를 꼭 확인하세요.

KIIP의 과정 및 이수시간은?

	한국어와 한국문화					한국사회이해	
단계	0단계	1단계	2단계	3단계	4단계	5단계	
과정	기초	초급1	초급2	중급1	중급2	기본	심화
총 교육시간	15시간	100시간	100시간	100시간	100시간	70시간	30시간
평가	없음	1단계평가	2단계평가	3단계평가	중간평가	영주용종합평가	귀화용종합평가
참고	○5단계 심화과정은 기본과정 수료(수료인정 출석시간 수강) 후 참여 ※영주 신청자 대상 영주용 종합평가 합격자는 5단계 기본과정 부터 수업에 참여하고 심화과정을 참여할 수 있습니다.						

〈출처: 법무부 사회통합프로그램 홈페이지(소시넷)〉

KIIP의 시험은?

사전평가	단계평가	중간평가	종합평가
◆ 신청자 모두 응시 가능 ◆ 이 결과로 레벨 확정	0단계(기초)~3단계 (중급 1) 수업 후 최종 평가함	4급 수업을 이수한 학생만 응시 가능	5단계 교육 이수 후 응시 가능
2022년 기준 연 8회 실시	학기가 끝날 때마다 실시	2022년 기준 연 4회 실시	2022년 기준 연 10회 실시

→ 2022년도 법무부 주관 평가 일정 : 총 22회

KIIP 중간평가(사회통합프로그램 한국어와 한국문화시험(KIIP-KLCT))는?

* KLCT : Korea Language and Culture Test

1) 평가 대상

- 4단계 교육을 수료한 사람
- 사회통합프로그램 한국어교육 중급 연계 과정 승인을 받은 사람
* 중간평가에 응시하지 않은 경우 5단계에 진입할 수 없음

2) 주관 : 법무부

3) 평가 내용 : 한국어와 한국문화 전반에 대한 내용

0단계	○ 법무부 사회통합프로그램(KIIP) 한국어와 한국문화 기초
1단계	○ 법무부 사회통합프로그램(KIIP) 한국어와 한국문화 초급1
2단계	○ 법무부 사회통합프로그램(KIIP) 한국어와 한국문화 초급2
3단계	○ 법무부 사회통합프로그램(KIIP) 한국어와 한국문화 중급1
4단계	○ 법무부 사회통합프로그램(KIIP) 한국어와 한국문화 중급2

4) 평가 장소 : 관할 출입국·외국인관서에서 지정한 장소 중 응시자가 선택

5) 응시 신청 : 사회통합정보망(마이페이지)을 통해 응시 신청

소시넷(https://www.socinet.go.kr/) 로그인 ➡ 평가 신청 (중간평가)

6) 평가 방법 : 필기시험(30문항) 및 구술시험(5문항) 등 총 35문항

	필기시험	구술시험
문항 수	30문항	5문항
문제 유형	객관식 28문항 작문형 2문항	질문을 듣고 답하기
시험 시간	객관식 40분 작문형 10분	10분
배점	객관식 70점 작문형 5점 25점	
합격기준	필기와 구술을 더해 100점 만점에 60점 이상	

7) 평가결과 확인

- 평가 후 사회통합정보망(마이페이지)에서 점수 및 합격여부 확인

소시넷(https://www.socinet.go.kr/) ➡ 로그인 ➡ 마이페이지

8) 평가 결과 조치

- 합격사 : 5단계로 승급
- 불합격자 : 다음 중간평가에 재응시하여 합격 또는 4단계 교육을 재수료하고 응시한
중간평가에서 최저점수(40점) 초과 득점
→ 평가 결과에 따른 합격 기준이 변경될 때가 있습니다. 시험을 준비하는
해에 공지된 '소시넷((https://www.socinet.go.kr/)' 소시넷 자료를 꼭 확인
하세요.

학습 스케줄표 Study plan

5일 완성

월 일	월 일	월 일	월 일	월 일
제1회 실전모의고사	제2회 실전모의고사	제3회 실전모의고사	제4회 실전모의고사	제5회 실전모의고사
제1회 실전문법연습	제2회 실전문법연습	제3회 실전문법연습	제4회 실전문법연습	제5회 실전문법연습

10일 완성

월 일	월 일	월 일	월 일	월 일
제1회 실전모의고사	제1회 실전문법연습	제2회 실전모의고사	제2회 실전문법연습	제3회 실전모의고사
월 일	**월 일**	**월 일**	**월 일**	**월 일**
제3회 실전문법연습	제4회 실전모의고사	제4회 실전문법연습	제5회 실전모의고사	제5회 실전문법연습

15일 완성

월 일	월 일	월 일	월 일	월 일
제1회 실전모의고사 (객관식 필기 시험)	제1회 실전모의고사 (작문형 필기시험 및 구술시험)	제1회 실전문법연습	제2회 실전모의고사 (객관식 필기 시험)	제2회 실전모의고사 (작문형 필기시험 및 구술시험)
월 일	**월 일**	**월 일**	**월 일**	**월 일**
제2회 실전문법연습	제3회 실전모의고사 (객관식 필기 시험)	제3회 실전모의고사 (작문형 필기시험 및 구술시험)	제3회 실전문법연습	제4회 실전모의고사 (객관식 필기 시험)
월 일	**월 일**	**월 일**	**월 일**	**월 일**
제4회 실전모의고사 (작문형 필기시험 및 구술시험)	제4회 실전문법연습	제5회 실전모의고사 (객관식 필기 시험)	제5회 실전모의고사 (작문형 필기시험 및 구술시험)	제5회 실전문법연습

01

실전 모의고사

제 1회 실전 모의고사

중간평가 객관식 필기시험
시험 시간: 50분

[1-3] 다음 ( )에 가장 알맞은 것을 고르시오.

1. 마트에서 물건을 살 때는 ( )이/가 얼마나 남았는지 꼼꼼하게 살펴봐야 한다.
   ① 유통 기한　　　② 이월 상품　　　③ 식품 매장　　　④ 과다 섭취

2. 아침에 알람이 울리는 소리를 못 들어서 ( ) 지각할 뻔했어요.
   ① 한편　　　② 미처　　　③ 수시로　　　④ 하마터면

3. 계속 시험에 떨어졌는데 ( ) 노력해서 마침내 합격했어요.
   ① 유창하게　　　② 끈질기게　　　③ 밀접하게　　　④ 단정하게

[4-6] 다음 질문에 답하시오.

4. 다음 중 ( )에 들어갈 알맞은 말은?

   > 그는 문화재에 불을 지른 ( )의 용의자로 조사를 받고 있다.

   ① 절도 사건　　　② 폭행 사건　　　③ 방화 사건　　　④ 뺑소니 사건

5. 다음 밑줄 친 부분과 의미가 비슷한 것은?

   > 사람은 누구나 잘못을 할 수 있지만 같은 잘못을 되풀이하면 안 된다.

   ① 병행하면　　　② 무리하면　　　③ 항의하면　　　④ 반복하면

6. 다음 밑줄 친 부분과 의미가 비슷한 것은?

> 함께 가기로 했던 사람들이 아직 도착을 안 해서 출발이 <u>늦어지고</u> 있다.

① 지연되고　　　　② 떨어지고　　　　③ 노출되고　　　　④ 단절되고

[7-11] 다음 (　　　)에 가장 알맞은 것을 고르시오.

7.

> 가: 이번 시험이 많이 어려웠다면서요?
> 나: 네, 너무 어려워서 선생님(　　　　) 못 푸는 문제가 많았대요.

① 만　　　　② 조차　　　　③ 이나마　　　　④ 이야말로

8.

> 가: 몇 시까지 와야 해요?
> 나: 아무리 (　　　　) 12시까지는 꼭 와야 합니다.

① 늦어도　　　　② 늦었더니　　　　③ 늦을수록　　　　④ 늦어서 그런지

9.

> 가: 나는 지금 가려고 하는데, 너는 더 공부하다 올 거야?
> 나: 아니, 같이 가자. 나도 지금 막 (　　　　).

① 나간다고 해　　　② 나가는 척해　　　③ 나갈 정도야　　　④ 나가려던 참이야

10.

> 가: 어제는 많이 피곤했나봐요?
> 나: 네, 침대에 (　　　　) 바로 잠이 들었어요.

① 눕더니　　　　② 눕자마자　　　　③ 누울 텐데　　　　④ 눕는 대신

11.

> 가: 문자 봤어요? 다음 주에 예정된 말하기 대회가 (   )?
> 나: 네, 저도 봤어요. 갑자기 왜 취소가 되었을까요?

① 취소되었다면서요   ② 취소가 된 줄 알았어요

③ 취소될 수밖에 없나요   ④ 취소될 게 뻔해요

[12-16] 다음 문장과 뜻이 같은 것을 고르시오.

12. 오늘은 날씨가 추운 데다가 눈까지 내려서 외출을 하지 않았다.

① 날씨가 추울 때는 보통 눈이 내려서 외출하기가 힘들다.

② 날씨가 추울 뿐만 아니라 눈까지 내려서 외출하지 않았다.

③ 날씨가 추워지고 눈이 내리니까 외출을 하지 않는 게 좋다.

④ 날씨가 춥지 않았지만 눈이 내려서 외출을 취소하려고 한다.

13. 회의실을 쓰기는 쓰되 나갈 때는 정리 부탁해요.

① 회의실을 쓰려면 나가서 정리를 먼저 할 거예요.

② 회의실을 써도 되는데 나갈 때 정리를 해야 해요.

③ 회의실을 쓰게 되면 나갈 수 있도록 정리가 필요해요.

④ 회의실을 쓸 뿐만 아니라 나갈 때 정리도 하려고 해요.

14. 사람이 당황하면 실수를 하기 마련이다.

① 사람이 당황할수록 실수를 많이 한다.

② 사람이 당황하더라도 실수를 하면 안 된다.

③ 사람이 당황했을 때 실수를 하는 경우가 많다.

④ 사람이 당황하지 않게 실수를 하지 않아야 한다.

15. 친구에게 고민을 털어놓았더니 확실히 마음이 편안해졌다.

① 친구에게 고민을 말하려고 했지만 편하지가 않았다.

② 친구에게 고민을 모두 이야기한 결과 마음이 편안해졌다.

③ 친구에게 고민을 이야기하게 되면 마음이 편안해질 것이다.

④ 친구에게 고민을 해결해달라고 했더니 친구가 불편하다고 했다.

16. 쇼핑도 할 겸 영화도 볼 겸 오랜만에 시내에 나왔어요.

① 쇼핑도 하고 영화도 보려고 오랜만에 시내에 나왔어요.

② 쇼핑을 한 후 영화를 보느라 오랫동안 시내에 있었어요.

③ 영화를 보거나 쇼핑을 하려고 시내에 나가는 게 오랜만이에요.

④ 오랫동안 쇼핑을 하지 못해서 영화가 끝난 후 시내에 가려고 해요.

[17-18] 다음을 읽고 (   )에 알맞은 것을 고르시오.

17.
가: 안나 씨, 이번 추석에 고향에 내려가세요?
나: 네, 저는 지난 설에 못 가서 이번에는 꼭 가려고요. 민수 씨는요?
가: 기차표를 못 구해서 고민 중이에요. (   )이/가 많아서 그런지 너무 빨리 매진이 됐어요.
나: 그러게요. 명절마다 기차표 구하는 게 전쟁이네요.

① 하객   ② 취객   ③ 귀성객   ④ 조문객

18.
　　이사를 할 때는 보통 집 주인에게 두 번 돈을 지불한다. 먼저 집을 본 후 마음에 들었을 때 계약금을 보낸다. 계약금은 집값 전체의 일부를 보내는 것으로 계약을 취소하면 돌려받을 수 없다. 계약금을 보내면서 보통 이사 할 날짜를 정하는데, (   )은/는 이사하는 날 지불하는 것으로 계약금 을 뺀 나머지 집값을 보내는 것이다.

① 매매   ② 전입   ③ 잔금   ④ 등본

[19-20] 다음을 읽고 질문에 알맞은 것을 고르시오.

19. 이 글의 내용과 같은 것을 고르시오.

> 어제 밤 12시쯤 서울시에 있는 한 도로에서 배달 오토바이 두 대가 서로 부딪히는 교통사고가 발생했다. 이 사고로 오토바이 운전자 A씨가 사망하고 다른 운전자 B씨도 큰 부상을 입었다고 한다. 경찰은 두 오토바이 모두 야식을 배달하러 가던 중에 신호를 지키지 않고 빠른 속도로 달리다가 사고가 일어난 것으로 보고 있다. 최근 배달 수요가 증가하면서 배달 오토바이와 관련한 사고가 함께 증가하고 있다. 배달 시간을 지키기 위해 속도와 신호를 위반하는 경우가 많고, 운전 중 전화를 이용할 때가 많아서 사고 비율이 높은 것으로 나타났다. 뿐만 아니라 헬멧을 쓰지 않고 운전하다가 사고가 났을 경우 큰 피해가 발생할 수 있어 오토바이 운전자들의 주의가 필요하다.

① 배달을 시키는 사람들이 점점 감소하고 있다.

② 어제 있었던 오토바이 사고로 운전자들이 모두 사망했다.

③ 배달 오토바이 운전자들이 교통 신호를 안 지키는 경우가 많다.

④ 어제 사고는 오토바이 운전자가 운전 중에 진화를 하다기 발생했다.

20. 이 글의 내용과 같은 것을 고르시오.

> 한국은 다양한 형태의 집이 있는데 가장 많이 볼 수 있는 것은 아파트이다. 아파트는 여러 가구가 함께 살기 때문에 주변 교통이 편리하고 다양한 편의 시설이 있는 경우가 많다. 또한 주변에 학교가 생기는 경우가 많아서 교육 환경도 좋은 편이다. 전기나 난방도 주택에 비해 잘 되어 있는 경우가 많고 주차장도 넉넉한 편이다. 그러나 아파트의 경우 층간 소음으로 인해 문제가 생기기도 한다. 악기 소리나 발걸음 소리, 반려 동물의 짖는 소리 때문에 다툼이 생기는 경우가 많은데 얼마 전에도 아파트 층간 소음 문제로 살인 사건이 일어나 많은 사람들에게 큰 충격을 주었다. 문제는 층간 소음관련 문제가 생겼을 때 이를 해결할 수 있는 방법이 없다는 것이다.

① 아파트는 한국의 가장 대표적인 주거 방식이다.

② 아파트의 난방 시설이 주택에 비해 좋지 않다.

③ 아파트의 층간 소음 때문에 이사를 가는 사람이 많다.

④ 아파트에서 소음 문제가 발생해도 쉽게 해결하는 편이다.

[21-22] 다음을 읽고 질문에 답하시오.

이런 독감의 증상이 나타나면 일상 생활을 할 때 어려움이 생기기 때문에 가능한 독감에 걸리지 않도록 주의해야 한다. 먼저 독감은 전염력이 강하기 때문에 외출한 후 집에 돌아오면 손을 잘 씻는 것이 무엇보다 중요하다. 전문가들에 따르면 손을 잘 씻었을 경우 그렇지 않은 경우와 비교해 약 50~70%까지 예방 효과가 높아진다고 한다. 다음으로 스트레스를 많이 받거나, 잠을 잘 못 잘 경우 더 쉽게 독감에 걸릴 수 있으니 평소 몸이 너무 피곤해지지 않도록 주의해야 한다. 또, 몸의 온도가 갑자기 변하면 독감이나 감기에 걸리기 쉽기 때문에 일정한 온도를 유지할 수 있도록 해야 한다. 마지막으로 독감은 예방 주사를 맞으면 70-90% 예방이 가능하다고 한다. 그러나 주사의 효과가 1년밖에 되지 않기 때문에 독감을 예방하기 위해서는 해마다 예방 접종을 하는 것이 좋다.

21. 이 글의 내용과 같은 것을 고르시오.

① 독감 예방 접종은 1년 정도 효과가 있다.

② 독감에 걸리면 평소에 비해 몸이 피곤해질 수 있다.

③ 독감에 걸리지 않기 위해 몸의 온도를 높여 주는 게 좋다.

④ 독감에 걸린 사람은 손을 깨끗이 씻어야 빨리 나을 수 있다.

22. 이 글의 제목으로 알맞은 것을 고르시오.

① 독감의 원인　　　　　　　② 독감 환자 현황

③ 독감 예방 방법　　　　　　④ 독감 치료 방법

[23-24] 다음을 읽고 질문에 답하시오.

23. 다음 글의 ㉠과 ㉡에 들어갈 단어를 순서대로 나열한 것은?

> 한국의 교육은 크게 국가의 제도 안에서 이루어지는 (㉠)와/과 학교 밖에서 학생 개인의 부족한 부분을 보충하기 위해 이루어지는 (㉡)(으)로 구별할 수 있다.

① 공립 - 사립   ② 공교육 - 사교육

③ 일반 학교 - 대안 학교   ④ 주입식 교육 - 인성 교육

24. 살면서 경험하게 되는 문제에 대한 내용이 맞지 <u>않게</u> 짝지어진 것은?

① 진로 문제- 고부간의 갈등이 있다.

② 경제 문제- 수입이 일정하지 않다.

③ 육아 문제- 아이를 돌보기가 어렵다.

④ 집안 문제- 부부 사이에 소통이 잘 안 된다.

[25-26] 다음을 읽고 질문에 답하시오.

25. 한국의 국민 건강 보험 제도에 대한 설명으로 <u>틀린</u> 것은?

① 보험료는 소득에 상관없이 일정하다.

② 국민들이 평소에 건강 보험료를 낸다.

③ 국민 건강 보험은 개인이나 가족 단위로 가입한다.

④ 건강 보험 가입자는 모두 똑같은 보험 서비스를 받는다.

26. 다음 글에서 설명하고 있는 한국의 교육 제도는?

> 이것은 정규 학교를 졸업한 것과 같은 자격을 얻기 위해 보는 시험으로, 초등학교, 중학교, 고등학교 과정이 모두 있습니다.

① 수능　　　　② 검정고시　　　　③ 특별 전형　　　　④ 체험 학습

[27-28] 다음을 읽고 질문에 답하시오.

27. 한국의 전통 명절과 관련된 설명으로 <u>틀린</u> 것은?

① 추석에는 햇곡식과 햇과일로 차례를 지낸다.

② 설날에는 친지들을 찾아뵙고 새해 인사를 드린다.

③ 동지에 팥죽을 먹는 이유는 나쁜 기운을 쫓아내기 위해서다.

④ 정월 대보름에 붉은색 음식을 먹으면 피부병이 생기지 않는다.

28. 다음 (　　) 안에 공통적으로 들어갈 알맞은 말은?

> 최근 젊은 세대 사이에서 가족이 아닌 사람들과 집을 나눠 쓰는 (　　) 주택이 인기를 끌고 있다. 이 주택에서는 주방이나 거실 같은 공간을 같이 사용하지만 각자의 방은 독립되어 있다. 여러 사람과 집을 함께 사용하기 때문에 돈이 덜 들고 외롭지 않다는 장점이 있다. 이런 (　　) 문화는 집과 같은 공간, 자동차와 같은 물건, 하나의 아이디로 여러 명이 접속하는 인터넷 TV까지 다양하게 나타나고 있다.

① 공유　　　　② 임대　　　　③ 중개　　　　④ 풀 옵션

[29-30] 다음 내용을 포함하여 '스마트폰 중독과 예방'이라는 제목으로 100자 이내로 글을 쓰시오.

> ◆ 스마트폰 중독의 원인은 무엇인가?
> ◆ 스마트폰 중독을 해결하기 위한 방법에는 어떤 것이 있는가?

※ 작문 시험 시간은 10분이며, 답안지에는 제목을 쓰지 말고 본문만 쓰시오.

※ 다음 그림을 보고 구술감독관의 질문에 답하여 주시기 바랍니다.

1. 무슨 사건에 대한 그림입니까?

2. 한국에서 이런 사고가 일어나면 어디에 신고해야 합니까?

3. 이 그림 속 사람들은 무엇을 하고 있습니까?

4. 그림 속의 사고는 왜 일어났을까요? 이유를 추측해서 이야기해 보십시오.

5. ○○ 씨가 직접 사고를 보거나 경험해 본 적이 있나요? 자신의 경험을 이야기해
주세요.

위 질문들은 실제 시험에서는 학생들에게 보이지 않습니다.
학생들은 질문을 듣고 바로 대답해야 합니다.

제 2회 실전 모의고사

중간평가 객관식 필기시험   시험 시간: 50분

[1-3] 다음 (　　　)에 가장 알맞은 것을 고르시오.

1. 가격 할인을 받을 수 있기 때문에 여러 사람이 모여서 (　　　)을/를 하는 사람들이 늘고 있다.

　① 매출　　　　　② 공동 구매　　　③ 지출　　　　　④ 충동 구매

2. (　　　) 오신 것 같으니까 이제 시작하도록 하겠습니다.

　① 미처　　　　　② 꾸준히　　　　③ 전혀　　　　　④ 대부분

3. 다문화 사회에서는 보다 더 (　　　) 시민 의식이 필요하다.

　① 성숙한　　　　② 느긋한　　　　③ 신속한　　　　④ 당연한

[4-6] 다음 질문에 답하시오.

4. 다음 중 (　　　)에 들어갈 알맞은 말은?

　　회사에서 (　　)을 쌓으려면 상사가 맡긴 일을 기한 안에 처리하는 것이 좋다.

　① 소감　　　　　② 공감　　　　　③ 신뢰감　　　　④ 기대감

5. 다음 밑줄 친 부분과 의미가 비슷한 것은?

> 3년 전부터 한국에 이민 가기로 <u>결심하고</u> 준비를 해 왔습니다.

① 적성에 맞고   ② 기회를 잡고   ③ 마음을 먹고   ④ 자리를 잡고

6. 다음 밑줄 친 부분과 의미가 비슷한 것은?

> 인공 지능이 발전하기 위해서는 끊임없이 자료를 <u>모으고</u> 분석하여야 한다.

① 조절하고   ② 수집하고   ③ 개발하고   ④ 작동하고

[7-11] 다음 ( )에 가장 알맞은 것을 고르시오.

7.

> 가: 일이 힘들지 않아요?
> 나: 괜찮아요. 일한 시간 ( ) 돈을 받을 수 있으니까 좋은 것 같아요.

① 만큼   ② 밖에   ③ 이나   ④ 조차

8.

> 가: 잠시드 씨, 요즘 늦게까지 회사에 있는 걸 보면 회사 일이 바쁜가 봐요.
> 나: 네. 새로운 모바일 앱 개발 때문에 회사에서 ( ).

① 살지도 몰라요   ② 사는 법이에요

③ 살기 마련이에요   ④ 살다시피 하고 있어요

9.

> 가: 요즘도 고향 음식을 자주 만들어 먹어요?
> 나: 아니요, 요즘은 간편하게 배달 앱으로 ( ).

① 주문한다고 해요   ② 주문해 볼 만해요

③ 주문하곤 해요   ④ 주문하나 봐요

10.

가: 아까 왜 전화를 안 받았어?

나: 샤워를 (   ) 전화를 못 받았어.

① 할수록   ② 하더니   ③ 하느라고   ④ 하자마자

11.

가: 의사 선생님, 치료를 받으면 몸이 괜찮아질까요?

나: 네. 그런데 담배를 (   ) 큰 효과를 기대하기는 어렵습니다.

① 끊으므로   ② 끊었더라면   ③ 끊을 정도로   ④ 끊지 않는 한

[12-16] 다음 문장과 뜻이 같은 것을 고르시오.

12. 난방비를 줄이도록 집 안의 온도를 낮추세요.

① 난방비를 줄이게 집 안의 온도를 낮추세요.

② 난방비를 줄이다가 집 안의 온도를 낮추세요.

③ 난방비를 줄이는 대신에 집 안의 온도를 낮추세요.

④ 난방비를 줄이는 데다가 집 안의 온도를 낮추세요.

13. 인터넷에서 사진만 보고 가방이 큰 줄 알았어요.

① 인터넷에서 사진만 보고 가방이 큰 줄 몰랐어요.

② 인터넷에서 사진만 보고 가방이 크다고 생각했어요.

③ 인터넷에서 사진만 보고 가방이 작다고 생각했어요.

④ 인터넷에서 사진만 보고 가방이 작은 것을 알았어요.

14. 직원이 관객들에게 공연장으로 입장하래요.

① 직원이 관객들에게 공연장으로 입장하라고 했어요.

② 직원이 관객들에게 공연장으로 입장하냐고 했어요.

③ 직원이 관객들에게 공연장으로 입장하자고 했어요.

④ 직원이 관객들에게 공연장으로 입장한다고 했어요.

15. 동료에게 도움을 요청하기도 어렵고 해서 직장 생활이 힘들어요.

① 동료에게 도움을 요청하기가 어려운 한 직장 생활이 힘들어요.

② 동료에게 도움을 요청하기도 어렵기는커녕 직장 생활이 힘들어요.

③ 동료에게 도움을 요청하기가 어려운 데다가 직장 생활이 힘들어요.

④ 동료에게 도움을 요청하기도 어렵기 때문에 직장 생활이 힘들어요.

16. 꼬리가 길면 밟히는 법이다.

① 꼬리가 길면 밟혀야 한다.

② 꼬리가 길면 밟히면 된다.

③ 꼬리가 길면 밟히기 마련이다.

④ 꼬리가 길면 밟히려던 참이다.

[17-18] 다음을 읽고 (　　　)에 알맞은 것을 고르시오.

17.
가: 요즘 회사에서 인간관계 때문에 퇴사하는 사람이 많다면서요?

나: 그래요? 그런데 성민 씨는 상사나 동료들과도 잘 지내고 대인 관계가 좋은 것 같아요. 좋은 비결이라도 있어요?

가: 아니요, 특별한 비결은 없고 가능하면 상대방의 말에 공감을 해 주고 선배뿐만 아니라 후배에게도 (　　　　) 노력하는 편이에요.

나: 그렇군요. 저는 내성적인 편이라서 인간관계가 서툴거든요. 성민 씨가 많이 도와주세요.

① 자리를 빛내려고

② 상담을 받으려고

③ 목숨을 구하려고

④ 예의를 지키려고

18.
　나는 난타 공연을 보러 간 적이 있다. 이 공연은 대사가 별로 없어서 한국말을 잘 못하는 외국인들도 많이 본다고 했다. 난타는 주방에서 일어나는 일들을 칼과 도마를 사용하여 한국의 전통적인 (　　　　) 리듬에 맞춰 신나고 재미있게 만든 공연이라서 그런지 보는 내내 즐거웠다. 또한 관객이 직접 무대에 오르고 참여할 수 있어서 특별한 기억을 만들 수도 있다.

① 케이팝

② 사물놀이

③ 연주회

④ 길거리 공연

[19-20] 다음을 읽고 질문에 답하시오.

19. 이 글의 내용과 같은 것을 고르시오.

> 저는 한국에 온 지 2년이 되었습니다. 처음 한국에 왔을 때는 음식과 언어 등 모든 게 낯설고 고향의 가족들과 친구들이 그리워서 무척 힘들었습니다. 그렇지만 피부 미용사가 되고 싶은 꿈이 있었기 때문에 한국어도 열심히 배우고 피부 미용 기술도 배우면서 앞만 보고 달렸습니다. 조금씩 피부 미용 아르바이트를 하면서 자신감도 생기고 주변을 돌아볼 만큼 여유도 생긴 것 같습니다. 역시 고생 끝에 낙이 온다는 말이 맞는 것 같습니다.

① 이 사람은 한국어에 대한 자신감을 갖고 있다.

② 이 사람은 처음 한국에 왔을 때 무척 설레었다.

③ 이 사람은 아르바이트 때문에 아직 여유가 없다.

④ 이 사람은 힘든 일이 지나고 나면 행복해진다고 믿는다.

20. 이 글의 내용과 같은 것을 고르시오.

> 인터넷이 발달하게 되면서 사진이나 동영상은 물론이고 중요한 자료를 컴퓨터나 메신저를 통해 빠르게 전달할 수 있게 되었다. 그래서 그런지 다른 사람이 만든 저작물을 아무 생각 없이 함부로 공유하는 사람도 많아졌다. 그러나 저작권자의 동의 없이 음악이나 동영상 등을 다운로드해서 사용하거나 불법으로 영화를 다운로드 받으면 저작권법을 위반하는 것이 된다. 그러므로 다른 사람이 만든 저작물을 다운로드 받을 때는 그것을 만든 사람이나 가시고 온 인터넷 주소를 반드시 알려야 한다.

① 저작물을 마음대로 공유하는 것은 불법이다.

② 저작물을 다운로드 받으면 거의 처벌을 받는다.

③ 영화를 다운로드 받을 때는 극장에 알리는 것이 낫다.

④ 자료는 사진보다 다른 사람에게 전달하기가 더 어렵다.

[21-22] 다음을 읽고 질문에 답하시오.

미세먼지는 공기 중에 있는 눈에 보이지 않을 정도로 작은 먼지를 말한다. 미세먼지는 대부분 공장이나 자동차에서 나오는 배기가스로 인해 발생한다. 이러한 미세먼지에 노출될 경우 감기뿐만 아니라 기관지염, 피부병, 눈병 등에 걸리기 쉽다. 그러므로 이런 병에 걸리지 않으려면 미세먼지가 심할 때는 외출을 자제하는 것이 가장 좋은 방법이다. 만약 외출을 하게 된다면 반드시 마스크를 쓰도록 해야 한다. 그리고 외출 후에는 손과 발을 꼼꼼하게 씻는 습관을 갖는 것이 중요하다. 또 평소에 물을 많이 마시는 것도 도움이 된다.

21. 이 글의 내용과 같은 것을 고르시오.

① 미세먼지에 노출되면 몸이 상할 수 있다.

② 미세먼지의 가장 큰 문제는 자동차의 배기가스다.

③ 평소에 마스크를 쓰고 다니면 미세먼지를 예방할 수 있다.

④ 건강이 안 좋은 사람은 물을 마신 후에 외출하는 것이 좋다.

22. 이 글의 제목으로 알맞은 것을 고르시오.

① 미세먼지로 인한 병의 예방법

② 미세먼지 노출 때문에 생긴 병

③ 미세먼지의 발생 이유와 해결 방법

④ 미세먼지 발생의 중요성과 외출 방법

[23-24] 다음을 읽고 질문에 답하시오.

23. 다음 글의 ㉠과 ㉡에 들어갈 단어를 순서대로 나열한 것은?

> 한국에서는 일반적으로 오토바이를 탈 때는 (㉠)을/를 써야 하고 아기를 차에 태울 때는 (㉡)에 태워야 하며 지하철 출입구 10m 이내에서는 담배를 피울 수 없다.

① 헬멧 - 깁스   ② 텀블러 - 깁스   ③ 헬멧 - 카 시트   ④ 텀블러 - 카 시트

24. 생활비와 사용한 내용이 맞지 <u>않게</u> 짝지어진 것은?

① 식비 - 점심값   ② 통신비 - 월세

③ 교육비 - 영어 학원비   ④ 공과금 - 전기요금

[25-26] 다음을 읽고 질문에 답하시오.

25. 한국의 전통 난방 방식인 온돌에 대한 설명으로 <u>틀린</u> 것은?

① 온돌은 아궁이, 구들, 굴뚝으로 이루어져 있다.

② 옛날 사람들은 아궁이에서는 밥을 하거나 요리를 해서 먹었다.

③ 한국 사람들은 지금도 방바닥을 데우는 방식으로 난방을 하고 있다.

④ 굴뚝은 오랫동안 온기를 지니기 때문에 긴 겨울밤에도 추위를 견딜 수 있다.

26. 다음 글에서 설명하고 있는 것은?

> 이것은 '쓰레기 투기', '음주 소란', '인근 소란' 등 일상생활에서 흔하게 일어나고 처벌이 가벼운 것이지만 주변의 시민들에게 불편을 끼치거나 불안감을 줄 수 있습니다.

① 모욕죄   ② 경범죄   ③ 무단 침입   ④ 불법 투기

[27-28] 다음을 읽고 질문에 답하시오.

27. 과학의 발달로 우리 생활에 변화를 가져온 것에 대한 설명으로 **틀린** 것은?

① 자율 주행은 운전자가 작동하지 않아도 차가 스스로 가는 것이다.

② 사물 인터넷은 인터넷으로 쇼핑을 제어하거나 사물을 보는 것이다.

③ 가상 현실은 컴퓨터로 만들어 놓은 가상의 세계에서 실제와 같은 일을 체험하는 것이다.

④ 인공 지능은 병원에서 안내 서비스를 제공하거나 엑스레이를 분석할 때 사용되는 것이다.

28. 다음 (   ) 안에 공통적으로 들어갈 알맞은 말은?

> 한국에서는 친척이나 친구에게 좋은 일이나 안 좋은 일이 생겼을 때 (   )을/를 주면서 서로 마음을 나누는 문화가 있다. 예를 들면 친구가 결혼을 하거나 친척이 돌아가시면 (   )을/를 준다. 이렇게 큰일이 있을 때 서로 돕는 것은 좋지만 서로 부담스럽지 않게 마음을 나누어야 하겠다.

① 의료비   ② 교통비   ③ 경조사비   ④ 문화생활비

[29-30] 다음 내용을 포함하여 '<u>과학의 발전과 생활의 변화</u>'라는 제목으로 100자 이내로 글을 쓰시오.

> ◆ 과학의 발전으로 우리에게 편리함을 준 제품은 무엇입니까?
> ◆ 그 제품이 우리의 생활에 어떤 변화를 가져왔습니까?

※ 작문 시험 시간은 10분이며, 답안지에는 제목을 쓰지 말고 본문만 쓰시오.

※ 다음 그림을 보고 구술감독관의 질문에 답하여 주시기 바랍니다.

1. 그림은 어떤 장면입니까? 순서대로 말해 보십시오.

2. 한국에서 결혼을 하기 전에 어떤 것을 준비해야 합니까?

3. 한국 결혼식의 순서는 어떻게 됩니까?

4. 결혼식이 끝나면 어떤 절차가 있습니까?

5. 한국의 결혼식과 여러분 나라 결혼식의 공통점과 차이점은 무엇입니까?

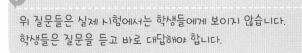

위 질문들은 실제 시험에서는 학생들에게 보이지 않습니다.
학생들은 질문을 듣고 바로 대답해야 합니다.

제 3회 실전 모의고사

중간평가 객관식 필기시험 　시험 시간: 50분

[1-3] 다음 (　　　)에 가장 알맞은 것을 고르시오.

1. 나의 고향은 전통과 역사를 간직하고 있어서 도시 곳곳에 옛날 (　　　)이 많다.

① 건축물　　　　　② 빌딩 숲　　　　③ 조상　　　　　④ 화산섬

2. 이번 대회에서 1등을 하게 된 (　　　)에 대해 얘기해 주세요.

① 영주권　　　　　② 나날　　　　　③ 비결　　　　　④ 전도사

3. 내 룸메이트는 아주 (　　　) 처음 만나는 사람과도 말을 잘한다.

① 소극적이어서　② 느긋해서　　　③ 활발해서　　　④ 내성적이어서

[4-6] 다음 질문에 답하시오.

4. 다음 중 (　　　)에 들어갈 알맞은 말은?

> 　　(　　　)가 내렸을 때는 체육 대회나 야유회 같은 야외 행사를 하지 말고 시원한 물을 많이 마시는 것이 좋다.

① 일교차　　　　　② 열대야　　　　③ 폭염 주의보　　④ 한파 경보

5. 다음 밑줄 친 부분과 의미가 비슷한 것은?

> 경제가 안 좋아지면서 직업을 구하지 못하는 사람들이 <u>많아졌다</u>.

① 증가했다   ② 감소했다   ③ 상승했다   ④ 하락했다

6. 다음 밑줄 친 부분과 의미가 비슷한 것은?

> 면접을 할 때는 <u>깔끔한</u> 옷차림이 신뢰감을 줄 수 있다.

① 튀는   ② 자유분방한   ③ 단정한   ④ 진지한

[7-11] 다음 ( )에 가장 알맞은 것을 고르시오.

7.
> 가: 이번 방학에 해외여행을 갈 거예요?
> 나: 너무 바빠서 (   ) 국내 여행도 어려울 것 같아요.

① 해외여행밖에   ② 해외여행조차   ③ 해외여행치고   ④ 해외여행은커녕

8.
> 가: 라민 씨 생일 선물로 운동화를 주는 게 어때요?
> 나: 글쎄요. 라민 씨는 운동화가 많으니까 (   ) 가방을 선물하는 게 어떨까요?

① 운동화나   ② 운동화야말로   ③ 운동화 대신   ④ 운동화든지

9.

가: 체육 대회를 해야 하는데 언제 하면 좋을까요?

나: 한파 경보가 내렸으니까 이번주는 운동을 하기 너무 (   ).
다음주에 기온이 영상으로 올라가면 하는 게 좋겠어요.

① 추울지도 몰라요

② 추운 줄 알았어요

③ 추운가 봐요

④ 춥냐고 했어요

10.

가: 아까 아나이스 씨하고 무슨 이야기를 했어요?

나: 이 주변에 예쁜 산책로가 있는데 같이 (   ).

① 산책하자고 했어요

② 산책할 뻔했어요

③ 산책했잖아요

④ 산책하는 척했어요

11.

가: 민수 씨, 휴가를 재미있게 보냈어요?

나: 네. 제주도에 갔는데 자연 경관이 (   ).

① 아름답냐고 했어요

② 아름다울 수밖에 없었어요

③ 아름다울 거라고 했어요

④ 얼마나 아름다웠는지 몰라요

[12-16] 다음 문장과 뜻이 같은 것을 고르시오.

12. 외국에서 생활하면 문화가 다르므로 갈등을 겪을 때가 많다.

① 외국에서 생활하면 문화가 달라야 갈등을 겪을 때가 많다.

② 외국에서 생활하면 문화가 다를텐데 갈등을 겪을 때가 많다.

③ 외국에서 생활하면 문화가 다르더니 갈등을 겪을 때가 많다.

④ 외국에서 생활하면 문화가 다르기 때문에 갈등을 겪을 때가 많다.

13. 비밀번호를 입력해야 인터넷에 접속할 수 있다.

    ① 비밀번호를 입력하는 대신 인터넷에 접속할 수 있다.

    ② 비밀번호를 입력하다가 인터넷에 접속할 수 있다.

    ③ 비밀번호를 입력하자마자 인터넷에 접속할 수 없다.

    ④ 비밀번호를 입력하지 않으면 인터넷에 접속할 수 없다.

14. 어린 아이치고 과자를 안 좋아하는 아이는 없다.

    ① 어린 아이라면 과자를 안 좋아한다.

    ② 어린 아이가 안 좋아하는 과자가 있다.

    ③ 모든 어린 아이는 과자를 좋아한다.

    ④ 어떤 어린 아이는 과자를 안 좋아한다.

15. 몸이 안 좋으면 약을 먹든지 집에서 쉬든지 하세요.

    ① 몸이 안 좋으면 약을 먹는 한 집에서 쉬세요.

    ② 몸이 안 좋으면 약을 먹자마자 집에서 쉬세요.

    ③ 몸이 안 좋으면 약을 먹거나 집에서 쉬세요.

    ④ 몸이 안 좋으면 약을 먹을 뿐만 아니라 집에서 쉬세요.

16. 우리집은 텔레비전 소리가 안 들릴 정도로 소음이 심해요.

    ① 우리집은 소음이 심해서 텔레비전 소리가 안 들려요.

    ② 우리집은 소음이 심하지만 텔레비전 소리가 들려요.

    ③ 우리집은 텔레비전 소리 때문에 소음이 심해졌어요.

    ④ 우리집은 텔레비전 소리를 들을수록 소음이 심해요.

[17-18] 다음을 읽고 (   )에 알맞은 것을 고르시오.

17.

> 가: 후엔 씨, 얼굴이 안 좋아 보이는데 무슨 고민이 있어요?
>
> 나: 네, 제 성격 때문에 고민이에요. 한국 회사에서 일한 지 한 달이 넘었는데 (   ) 아직 회사 사람들과 잘 못 어울려요.
>
> 가: 그래요? 그럼 회사 동아리에 들어가면 어떨까요? 같은 취미를 가진 사람들과는 더 쉽게 친해질 거예요.
>
> 나: 좋은 생각이에요. 내일 회사에 가면 동아리를 찾아볼게요. 고마워요.

① 설레서   ② 소극적이어서

③ 너무 나서서   ④ 유머 감각이 많아서

18.

> 나는 스마트폰을 자주 사용한다. 외국어를 공부할 때 앱을 설치해 놓고 어휘를 외우면 쉽고 재미있게 공부할 수 있다. 그리고 심심할 때 집에서 스마트폰으로 영화를 감상할 수도 있다.
>
> 나는 여행을 가면 사진 찍는 것을 좋아하는데 카메라가 없어도 스마트폰으로 예쁜 풍경을 (   )할 수 있어서 정말 편리하다.

① 중독   ② 촬영   ③ 설치   ④ 접속

[19-20] 다음을 읽고 질문에 답하시오.

19. 이 글의 내용과 같은 것을 고르시오.

> 저는 호주에서 온 안젤라라고 합니다. 부산에서 1년 정도 살다가 얼마 전에 서울로 이사했습니다. 서울에서 제가 살고 있는 동네가 정말 마음에 듭니다. 저는 다른 사람과 이야기하는 것을 좋아하는데 새로 이사 온 동네 이웃들이 아주 친절해서 매일 이웃들과 한국어로 이야기할 수 있습니다. 그리고 집 근처에 산책로와 공원이 있어서 운동도 자주 합니다. 밤늦게 편의점에 갈 수 있을 정도로 안전해서 혼자 사는 친구들에게 제가 사는 동네를 추천하고 싶습니다.

① 이 사람은 한국에 온 후에 서울에서만 살았다.

② 이 사람은 이웃 사람들과 친해진 지 1년이 되었다.

③ 이 사람은 밤에 공원에서 산책하고 운동하는 것을 좋아한다.

④ 이 사람은 혼자 사는 친구들에게 지금 사는 동네를 추천하고 싶다.

20. 이 글의 내용과 같은 것을 고르시오.

> 우리 나라의 여름은 한국과 다르다. 한국은 여름에 덥고 습하지만 우리 나라는 건조하고 시원해서 한국의 봄 날씨와 비슷하다. 우리 나라는 여름에 공기가 맑고 미세 먼지가 심하지 않다. 그래서 야유회를 가서 아름다운 풍경을 보면서 산책을 하는 사람들이 많다. 처음에 한국에 왔을 때 최고 기온이 33도까지 올라가는 것을 보고 깜짝 놀랐다. 또 밤에 열대야 때문에 잠을 못 잘 때도 있어서 너무 힘들었다.

① 우리 나라의 봄은 덥고 습하다.

② 우리 나라는 봄에 미세 먼지가 심하다.

③ 우리 나라 사람들은 여름에 야유회를 자주 간다.

④ 우리 나라는 여름에 열대야가 있어서 잠을 잘 수 없다.

[21-22] 다음을 읽고 질문에 답하시오.

최근 불황이 계속되면서 일자리가 감소하고 실업률이 증가하고 있다. 그리고 물가가 상승하고 개인 소비도 감소하고 있어 경제 상황에 대한 걱정의 목소리가 높다. 경제 전문가들은 취업률 증가와 물가 안정을 위해 정부의 노력이 중요하다고 말한다. 특히 청년들을 위한 일자리 지원 사업을 확대하는 것이 필요하다고 강조하고 있다. 일자리가 많아져서 실업 문제가 해결된다면 소비가 증가될 수 있으므로 지금보다 경제 상황이 좋아질 것이라는 전망이다.

21. 이 글의 내용과 같은 것을 고르시오.

① 최근 불황 때문에 실업률이 높아지고 있다.

② 사람들이 돈을 많이 안 쓰므로 경제 상황은 좋아질 것이다.

③ 경제 문제를 해결하려면 경제 전문가들의 노력이 중요하다.

④ 지금보다 일자리가 많아져도 경제 불황은 계속될 것이다.

22. 이 글의 제목으로 알맞은 것을 고르시오.

① 실업률이 증가하는 이유

② 물가와 개인 소비의 관계

③ 청년을 위한 일자리 지원 방법

④ 경제 상황과 문제 해결 방법

[23-24] 다음을 읽고 질문에 답하시오.

23. 다음 글의 ㉠과 ㉡에 들어갈 단어를 순서대로 나열한 것은?

> 한국에는 많은 문화유산이 있다. 그 중에 성산 일출봉처럼 아름다운
> (㉠)도 있고 판소리처럼 눈에 볼 수는 없지만 귀로 즐길 수 있는
> (㉡)도 있다. 이런 문화 유산들은 세계적으로 그 역사적 가치를 인
> 정받고 있다.

① 기록 유산 - 유물   ② 정상 - 유적지

③ 자연 유산 - 무형 유산   ④ 문화재 - 제사

24. 경제 단어에 대한 설명이 맞지 <u>않게</u> 짝지어진 것은?

① 물가 - 전체적인 물건의 가격

② 환율 - 두 나라 돈의 교환 비율

③ 호황 - 경제 상황이 매우 안 좋음

④ 폭락 - 물건 가격 등이 크게 내려감

[25-26] 다음을 읽고 질문에 답하시오.

25. 한국의 문화에 대한 설명으로 <u>틀린</u> 것은?

① 창덕궁 - 조선 시대의 궁궐

② 불국사 - 신라 시대의 사찰

③ 세종 대왕 - 한글날을 만든 왕

④ 아리랑 - 유명한 한국 민요

26. 다음 글에서 설명하고 있는 것은?

> 봄에 특별한 병이 없는데도 피곤하거나 졸음이 오는 상태입니다. 이것이 생기는 이유는 겨울에서 봄으로 바뀌는 계절 변화에 몸이 적응하지 못했기 때문입니다.

① 소나기   ② 춘곤증   ③ 체감 온도   ④ 호우 경보

[27-28] 다음을 읽고 질문에 답하시오.

27. 한국 사람들의 집에 대한 생각으로 <u>틀린</u> 것은?

① 집의 위치와 방향이 그 집에 사는 사람의 행복을 결정한다고 믿었다.

② 집 뒤에 산이 있거나 물이 흐르면 집의 위치가 좋지 않다고 생각했다.

③ 집의 방향이나 대문이 남쪽으로 향해 있으면 명당이라고 할 수 있다.

④ 최근에는 집 주변에 좋은 학교가 있거나 교통이 편리한 집이 인기가 많다.

28. 다음 (   ) 안에 공통적으로 들어갈 알맞은 말은?

> 스마트폰의 발명으로 우리의 생활은 과거에는 상상할 수 없을 정도로 편리해졌다. 그러나 이렇게 편리한 스마트폰 때문에 문제도 발생하고 있다. 스마트폰 (   )이 바로 그것이다. 스마트폰에 대한 의존도가 너무 높아서 잠시라도 스마트폰을 보지 않으면 불안해하는 사람들이 증가하고 있다. 그리고 (   ) 현상 때문에 잠자리에서도 스마트폰을 사용하다가 건강이 안 좋아지는 경우도 많다.

① 채널   ② 유출   ③ 개통   ④ 중독

[29-30] 다음 내용을 포함하여 '내가 살고 싶은 집'이라는 제목으로 100자 이내로 글을 쓰시오.

> ◆ 좋은 집의 조건은 무엇이라고 생각하는가?
> ◆ 그렇게 생각하는 이유는 무엇인가?

※ 작문 시험 시간은 10분이며, 답안지에는 제목을 쓰지 말고 본문만 쓰시오.

※ 다음 그림을 보고 구술감독관의 질문에 답하여 주시기 바랍니다.

1. 그림은 어떤 장면입니까?

2. 생활에서 물가 변화가 크다고 느낀 품목은 무엇입니까?

3. 최근에 경험하거나 뉴스에서 본 경제 문제는 무엇입니까?

4. 경제 문제 중에 어떤 것이 빨리 해결되었으면 좋겠다고 생각합니까?

5. 어떤 경제 뉴스를 듣는다면 기분이 좋을 것 같습니까?

 위 질문들은 실제 시험에서는 학생들에게 보이지 않습니다.
학생들은 질문을 듣고 바로 대답해야 합니다.

제 4회 실전 모의고사

중간평가 객관식 필기시험　　　　　시험 시간: 50분

[1-3] 다음 (　　　)에 가장 알맞은 것을 고르시오.

1. 최근에 아이를 낳으려는 사람이 감소하면서 (　　　) 문제가 심각해지고 있다.

① 임금 체불　　　② 다문화 가정　　　③ 저출산　　　④ 국제 분쟁

2. 건강이 안 좋아져서 다음주에 (　　　)을/를 받으러 가기로 했어요.

① 구직 상담　　　② 육아 정보　　　③ 산업 재해　　　④ 건강 검진

3. 원하는 회사에 지원하려면 이력서 등 여러 가지 서류를 (　　　) 합니다.

① 제출해야　　　② 맡겨야　　　③ 상의해야　　　④ 차려야

[4-6] 다음 질문에 답하시오.

4. 다음 중 (　　　)에 들어갈 알맞은 말은?

> 곧 추석이라 회사에서 명절 (　　　)을/를 받아서 기분이 좋다.

① 시급　　　② 연봉　　　③ 보너스　　　④ 재고

5. 다음 밑줄 친 부분과 의미가 비슷한 것은?

> 국제 교류가 활발해지면서 무엇보다 외국어를 잘하는 사람이 필요한 시대가 되었다.

① 외국어에 능통한　　　　　② 외국어를 추진하는

③ 외국어에 낯선　　　　　　④ 외국어를 배우는

6. 다음 밑줄 친 부분과 의미가 비슷한 것은?

> 고령화 문제 때문에 일손이 부족해질까 봐 걱정하는 사람들이 늘고 있다.

① 기여하는　　② 우려하는　　③ 체류하는　　④ 지원하는

[7-11] 다음 (　　　)에 가장 알맞은 것을 고르시오.

7.
> 가: 왜 해외 봉사 단체에 지원했습니까?
> 나: 세계 여러 나라의 힘든 사람들을 (　　　　) 지원했습니다.

① 돕다시피　　② 돕고 해서　　③ 돕기 위해서　　④ 돕느라고

8.
> 가: 왜 창문을 (　　　　)?
> 나: 요리를 했더니 냄새가 나서 환기를 시키려고요.

① 열어 놓았어요　② 열면 됐어요　③ 열만 했어요　④ 여는 척했어요

9.

가: 요즘도 문화 체육 센터에서 요리를 배워요?

나: 아니요, 요리를 (   ) 너무 어려워서 수영 수업으로 바꿨어요.

① 배우든지　　　② 배우다가　　　③ 배워야　　　④ 배우도록

10.

가: 한국에 온 지 얼마나 되었어요?

나: 작년에 왔으니까 벌써 1년이 (   ).

① 되곤 해요　　　② 되어 있어요　　　③ 되는 줄 알아요　　　④ 되어 가요

11.

가: 제주도 여행이 어땠어요?

나: 여행을 다녀온 후에 계속 (   ) 재미있었어요.

① 생각날 정도로　　　　　② 생각나 가지고

③ 생각난 나머지　　　　　④ 생각나기는커녕

[12-16] 다음 문장과 뜻이 같은 것을 고르시오.

12. 비밀을 말하지 않으려고 했는데 말하고 말았어요.

① 비밀이 있으면 아무리 말을 안 해도 알게 돼요.

② 비밀을 말 안 하려고 했지만 말을 해 버렸어요.

③ 비밀을 말하지 않으려고 했으면 말하면 안 되지요.

④ 비밀을 말하지 않으면 더 이상 말을 할 수 없어요.

13. 너무 놀란 나머지 크게 소리를 질렀어요.

① 많이 놀라서 큰 소리를 질렀어요.

② 크게 소리를 질러서 너무 놀랐어요.

③ 큰 소리에 얼마나 놀랐는지 몰라요.

④ 너무 놀라서 소리를 지를 수 없었어요.

14. 열심히 노력했기 때문에 이길 수밖에 없다.

① 열심히 노력했는데 이길 수 없었다.

② 열심히 노력해서 이기도록 해야 한다.

③ 열심히 노력했기 때문에 이길 지도 모른다.

④ 열심히 노력했으니까 이기는 것이 당연하다.

15. 제주도야말로 한국에서 가장 아름다운 관광지다.

① 한국에서 제주도가 가장 아름다운 관광지다.

② 제주도도 한국에서 가장 아름다운 관광지다.

③ 한국에서는 제주도밖에 아름다운 관광지가 없다.

④ 제주도조차 한국에서 가장 아름다운 관광지가 아니다.

16. 계속 웃는 걸 보니 좋은 일이 있나 봐요.

① 좋은 일을 보고 웃을 수 있어서 좋아요.

② 좋은 일이 있어도 계속 웃을 수는 없어요.

③ 계속 웃는 걸 보면 좋은 일이 있는 것 같아요.

④ 계속 웃는 걸 볼 수 있게 좋은 일이 있으면 좋겠어요.

[17-18] 다음을 읽고 (   )에 알맞은 것을 고르시오.

17.

> 가: 모두 얼마지요?
>
> 나: 네, 모두 96,000원입니다. 그런데 손님, 지금 특별 행사 기간이어서 10만 원 이상 구매하신 손님들께는 화장지를 (   )(으)로 드리고 있습니다.
>
> 가: 그래요? 그럼 물건을 조금 더 사야겠네요. 이것도 같이 계산해 주세요.
>
> 나: 네, 잠시만 기다려 주세요.

① 세일   ② 소비자   ③ 영수증   ④ 증정품

18.

> 최근 물건을 사용하다가 필요가 없어지면 다른 사람에게 판매하는 앱이 인기를 끌고 있다. 새 상품이 아니라 쓰던 (   ) 상품이라서 처음 샀을 때에 비해서는 싼 값에 팔아야 하지만 사용하지도 않고 그냥 집에 두는 것보다는 훨씬 이익이다. 이 앱은 자기가 살고 있는 동네에 있는 사람들과 연락을 할 수 있도록 해 주기 때문에 물건을 팔기 위해 멀리 가지 않아도 된다는 장점이 있다.

① 중고   ② 쿠폰   ③ 공구   ④ 영상

[19-20] 다음을 읽고 질문에 답하시오.

19. 이 글의 내용과 같은 것을 고르시오.

> 한국어를 사용할 때는 높임말을 잘 사용하는 것이 중요하다. 그런데 자기보다 나이가 많은 사람이라고 해서 모두에게 똑같은 높임말을 사용하는 것은 좋지 않다. 예를 들어, 할아버지께 사용해야 할 말과 나이 차이가 얼마 안 나는 선배에게 쓰는 말은 다르다. 할아버지께는 "진지 드셨어요?"라는 말이 어울리지만 선배에게는 "식사 하셨어요?" 정도의 표현이 어울린다. 또한, 처음 보는 사람이라면 자기보다 나이가 어리다고 해서 바로 반말을 하면 안 된다. 나이와 상관없이 처음 보는 사람에게는 높임말을 하는 언어 예절을 지켜야 한다.

① 처음 보는 사이에는 높임말을 하는 것이 좋다.

② 나이가 어린 사람에게는 언제나 반말을 해야 한다.

③ 나이가 많은 사람들에게 사용하는 높임말은 거의 비슷하다.

④ 나이가 많더라도 가족에게는 높임말을 잘 사용하지 않는다.

20. 이 글의 내용과 같은 것을 고르시오.

> 인터넷 쇼핑으로 옷을 사면 생각했던 것과 다른 물건이 배달될 때가 있다. 그래서 인터넷으로 옷을 살 때는 여러 가지 정보를 확인해야 한다. 사이즈와 색깔 등 기본적인 것도 꼼꼼하게 봐야 하지만 교환과 환불에 대한 규칙을 잘 읽어 봐야 한다. 어떤 인터넷 사이트는 교환이나 환불을 전혀 안 해 주는 곳도 있기 때문이다. 해 준다고 해도 환불을 위한 택배비가 옷을 사는 비용보다 더 많이 들 수도 있고 환불을 신청하는 과정이 복잡할 수도 있다. 그래서 인터넷에서 옷을 고르고 사기 전에 자신이 정말로 원하는 것이 맞는지를 다시 확인하고 결제를 해야 한다.

① 인터넷으로 옷을 사지 말아야 한다.

② 인터넷 쇼핑은 교환이나 환불이 안 된다.

③ 인터넷 쇼핑에서는 결제하는 방법이 복잡하다.

④ 인터넷 쇼핑을 할 때 정보를 자세히 확인해야 한다.

[21-22] 다음을 읽고 질문에 답하시오.

이렇게 저출산 문제가 심각해지면서 정부는 출산율을 높이기 위한 여러 정책들을 실시하고 있다. 그러나 여전히 출산율이 높아지지 않아 문제가 되고 있다. 그렇다면 정부가 노력해도 사람들이 아이를 낳지 않는 이유가 무엇일까? 먼저, 아이를 기르는 데에 경제적으로 너무 많은 돈이 들기 때문이다. 한 조사 결과에 따르면 보통 가족 생활비의 60% 이상이 아이 교육을 위해 사용된다고 한다. 정부에서 아이 연령에 맞는 양육 수당을 주고 있지만 실제로 사용하는 교육비에 비해 너무 적은 금액이다. 이런 경제적 부담 때문에 아이를 낳는 것을 피하는 사람들이 많아지는 것이다. 다음으로, 아이를 낳은 후 정상적인 회사 생활이 어렵다고 느끼는 부부가 많기 때문이다. 육아 휴직이나 육아를 위한 단축 근무 제도가 잘 지켜지지 않는 회사가 많다.

21. 이 글의 내용과 같은 것을 고르시오.

① 정부에서 아이를 낳으면 양육 수당을 주고 있다.

② 저출산 해결을 위한 정부의 정책이 효과가 있다.

③ 육아 휴직 제도를 가지고 있는 회사가 별로 없다.

④ 60% 이상의 가족이 정상적인 회사 생활을 못하고 있다.

22. 이 글의 제목으로 알맞은 것을 고르시오.

① 저출산 상황   ② 저출산의 원인

③ 저출산 해결 방법   ④ 저출산의 영향

23. 다음 글의 ㉠과 ㉡에 들어갈 단어를 순서대로 나열한 것은?

> 사회가 변함에 따라 언어가 변하기도 한다. (㉠)은/는 새롭게 생긴 말을 의미하며, (㉡)은/는 어느 한 시기에 많은 사람들이 자주 쓰는 말이다.

① 신조어 - 유행어   ② 사투리 - 표준어

③ 모국어 - 속담   ④ 의사소통 - 세대 차이

24. 현대의 다양한 가족 형태와 특징에 대한 내용이 맞지 <u>않게</u> 짝지어진 것은?

① 1인 가구 - 가족 구성원이 1명이다.

② 한 부모 가족 - 엄마와 아빠 중에 한 명만 있다.

③ 핵가족 - 할머니 할아버지와 함께 사는 가족이다.

④ 다문화 가족 - 국제결혼을 해서 이루어진 가족이다.

[25-26] 다음을 읽고 질문에 답하시오.

25. 한국의 장례식 문화에 대한 설명으로 <u>틀린</u> 것은?

① 상주는 까만색 상복을 입고 조문객을 맞는다.

② 상주는 고인의 영정 사진과 방명록을 준비한다.

③ 조문객들은 유족을 위로하기 위하여 조의금을 준비한다.

④ 조문객들은 빈소에서 식사를 한 후 유족에게 인사한다.

26. 다음 글에서 설명하고 있는 시장 후보자의 자질은?

> 이것은 다른 사람이 말하고자 하는 뜻을 정확하게 파악하고 자신의 생각을 잘 전달하여 다양한 문제에 대해서 시민들과 의논할 수 있는 능력입니다.

① 판단력 　　② 행정 경험 　　③ 추진력 　　④ 소통 능력

[27-28] 다음을 읽고 질문에 답하시오.

27. 한국의 중요한 행사와 관련된 설명으로 <u>틀린</u> 것은?

① 고희연 - 여든 번째 생일을 축하하고 장수를 기원함

② 회갑연 - 예순 번째 생일을 축하하고 여행을 가기도 함

③ 백일 잔치 - 아기가 태어나서 백일동안 건강하게 자란 것을 축하함

④ 돌 잔치 - 아기의 첫 번째 생일로 가족과 친척들이 모여서 축하하고 돌잡이를 함

28. 다음 (　　) 안에 공통적으로 들어갈 알맞은 말은?

> 　최근 지구의 환경이 심각하게 오염되면서 기온이 상승하는 (　　) 현상이 발생하고 있다. 세계 곳곳에서 폭우와 폭설이 내리는가 하면 여름에 50℃ 이상으로 올라가거나 겨울에 영하 30℃까지 내려가는 지역도 있다. 이러한 (　　) 문제를 해결하기 위해서는 석유와 석탄 대신 바람이나 바다에서 나오는 대체에너지를 이용하고 쓰레기를 줄이려는 개개인의 노력이 필요할 것이다.

① 친환경 세제 　　② 지구 온난화 　　③ 대기 오염 발생 　　④ 쓰레기 종량제

[29-30] 다음 내용을 포함하여 '한국 음식의 특징'이라는 제목으로 100자 이내로 글을 쓰시오.

◆ 선호하는 한국 요리는 무엇입니까?

◆ 그 음식의 특징은 무엇입니까?

※ 작문 시험 시간은 10분이며, 답안지에는 제목을 쓰지 말고 본문만 쓰시오.

중간평가 구술시험

※ 다음 그림을 보고 구술감독관의 질문에 답하여 주시기 바랍니다.

1. 그림은 어떤 장면입니까?

2. 지금 살고 있는 집은 어떻게 구했습니까?

3. ○○씨가 집을 구할 때 가장 중요하게 생각하는 것은 무엇입니까?

4. 집 계약을 할 때 구하는 사람이 조심해야 할 것들에는 무엇이 있습니까?

5. 지금 살고 있는 집이 가진 장점과 단점은 무엇입니까?

위 질문들은 실제 시험에서는 학생들에게 보이지 않습니다.
학생들은 질문을 듣고 바로 대답해야 합니다.

제 5회 실전 모의고사

중간평가 객관식 필기시험   시험 시간: 50분

[1-3] 다음 (　　　)에 가장 알맞은 것을 고르시오.

1. (　　　　)은 오래 보관하기 위해 얼리는 것이지만 너무 오래 보관하면 좋지 않다.

① 신선 식품　　　　② 냉동 식품　　　　③ 세일 상품　　　　④ 증정 상품

2. (　　　) 모두가 걱정하던 일이 원만하게 해결되었다.

① 꼼꼼히　　　　② 어쩌면　　　　③ 다행히　　　　④ 하마터면

3. 시장 후보자는 (　　) 문화 시설을 늘리기 위해서 공연장을 짓겠다고 했다.

① 부족한　　　　② 딱딱한　　　　③ 풍부한　　　　④ 강력한

[4-6] 다음 질문에 답하시오.

4. 다음 중 (　　　　)에 들어갈 알맞은 말은?

> 국민이 힘을 가지고 있는 (　　　　　)인 사회에서는 누구나 자신의 의견을 자유롭게 말할 수 있다.

① 민주적　　　　② 일시적　　　　③ 정치적　　　　④ 협상적

5. 다음 밑줄 친 부분과 의미가 비슷한 것은?

> 집에 소포를 <u>받을</u> 사람이 없을 때는 무인 편의점을 이용하면 편하고 안전하다.

① 검색할　　　　② 차지할　　　　③ 체험할　　　　④ 수령할

6. 다음 밑줄 친 부분과 의미가 비슷한 것은?

> 이번 국회위원 선거에서는 국민을 위해 훌륭한 정책을 준비한 후보에게 힘을 주기로 했다.

① 지지하기로　　② 존경하기로　　③ 선호하기로　　④ 지정하기로

[7-11] 다음 (　　)에 가장 알맞은 것을 고르시오.

7.
> 가: 그 직원이 너무 빨리 말해서 무슨 말인지 전혀 모르겠어요.
> 나: 그런데 왜 아까는 (　　　)? 이해가 안 갈 때는 바로 물어보는 게 좋은 것 같아요.

① 알만 했어요　　② 알게 했어요　　③ 알곤 했어요　　④ 아는 척했어요

8.
> 가: 고천 씨, 이번에 팀장으로 승진했다면서요?
> 나: 네. 그런데 위로 (　　　) 책임감을 더 많이 느끼게 되는 것 같아요.

① 올라가도록　　② 올라갈 텐데　　③ 올라갈수록　　④ 올라가는 데다가

9.
> 가: 변기가 막혔는데 어떻게 해야 할까요?
> 나: 변기 뚫는 세제를 붓거나 펌프질을 (　　　).

① 하곤 해요　　② 하면 돼요　　③ 하게 돼요　　④ 하고 말아요

10.

> 가: 눈이 와서 그런지 굉장히 미끄럽네요.
>
> 나: 네, 안 그래도 아까 (   ). 제이슨 씨도 조심하세요.

① 넘어지는 법이에요   ② 넘어진다고 해요

③ 넘어질 뻔했어요   ④ 넘어지곤 해요

11.

> 가: 오늘 야외 행사에서 사회를 본다고 했잖아요. 잘 봤어요?
>
> 나: 말도 마세요. (   ) 무슨 말을 했는지도 모르겠어요.

① 긴장한 나머지   ② 긴장하는 한

③ 긴장하다시피   ④ 긴장하는 데다가

[12-16] 다음 문장과 뜻이 같은 것을 고르시오.

12. 그 사람이 노래하는 모습을 보고 좋아하게 되었어요.

① 그 사람이 노래하는 것을 본 후 좋아졌어요.

② 그 사람이 노래를 해도 좋을 수밖에 없어요.

③ 그 사람이 노래하는 모습은 좋아하기 힘들어요.

④ 그 사람이 노래를 한다고 해서 좋아하는 건 아니에요.

13. 아직은 참을 만하지만 앞으로가 걱정이에요.

① 지금까지 참을 것처럼 앞으로도 잘 참을 수 있어요.

② 지금까지 잘 참았지만 더 이상 참을 수가 없었어요.

③ 지금까지는 참을 수 있었지만 앞으로는 참을 수 없을 것 같아요.

④ 지금까지도 참기 어려웠는데 앞으로는 더 참기 어려울 거예요.

14. 동생이 화가 나가지고 문을 세게 닫고 나갔어요.

① 동생이 화가 나서 문을 강하게 닫고 나갔어요.

② 동생이 화가 날까 봐 문을 먼저 닫고 나갔어요.

③ 동생이 화가 난 덕분에 문을 잘 닫고 나갔어요.

④ 동생이 화가 났지만 문을 조심히 닫고 나갔어요.

15. 그 식당은 맛있을 뿐만 아니라 값도 저렴해요.

① 그 식당은 맛있는데 값이 싸요.

② 그 식당은 맛있어서 값이 비싸요.

③ 그 식당은 맛있지만 값이 비싸요.

④ 그 식당은 맛있는 데다가 값도 싸요.

16. 두 형제가 어렸을 때는 사이가 좋더니 지금은 매일 싸워요.

① 두 형제는 어렸을 때 사이가 안 좋아서 계속 싸웠다.

② 두 형제가 어렸을 때뿐만 아니라 지금도 사이가 좋다.

③ 두 형제가 어렸을 때 사이가 좋아질 만하면 싸우곤 했다.

④ 두 형제는 어렸을 때는 사이가 좋았는데 지금은 좋지 않다.

[17-18] 다음을 읽고 (   )에 알맞은 것을 고르시오.

17.

가: 간단하게 자기소개를 해 주세요.

나: 저는 한국에 오기 전에 학교에서 2년 동안 영어를 가르쳤습니다. 제가 가르친 학생들이 영어를 잘하게 되고 영어에 자신감을 갖게 되는 것을 보고 영어 강사로서 (   )을/를 느꼈습니다. 한국에서도 선생님으로 일하기 위해 이 학원에 지원했습니다. 학생들에게 따뜻하고 친구 같은 선생님이 되고 싶습니다.

① 갈등　　　　　② 배려　　　　　③ 보람　　　　　④ 고충

18.

오는 12일에 ○○시 외국인 복지 센터가 문을 엽니다. 이 복지 센터에서는 이민자와 다문화 가족을 위한 여러 가지 프로그램이 운영되고 상담실, 교육실 등 다양한 시설을 갖추고 있어 ○○시에 살고 있는 많은 외국인들에게 큰 도움을 줄 것으로 기대가 됩니다. 특히 이민자들을 대상으로 의료 상담이나 구직 상담 등 생활에 꼭 필요한 서비스를 제공할 계획인데 아직 한국어를 잘 못해서 의사소통에 어려움이 있다면 무료로 한국어 (   ) 서비스도 받을 수 있습니다.

① 통번역　　　　② 예방 접종　　　③ 교류실　　　④ 자기 계발

[19-20] 다음을 읽고 질문에 답하시오.

19. 이 글의 내용과 같은 것을 고르시오.

> 직장 생활을 잘하려면 어떻게 해야 할까? 직장 생활을 잘하려면 하는 일에 책임감이 있어야 하고 업무 내용을 정확하게 파악하는 것이 중요하다는 것을 누구나 알고 있을 것이다. 그러나 일을 잘하고 능력이 있어도 힘들고 어려울 때가 많다. 그 이유는 직장에서는 성격이 다른 다양한 사람과 일해야 하고 복잡한 상하 관계도 있기 때문이다. 같이 일하는 사람들과의 관계가 좋지 않다면 스트레스도 많이 받고 문제가 있을 때 다른 사람의 도움을 받기도 힘들 것이다. 그러므로 직장 생활에서 가장 중요한 것은 원만한 대인 관계라고 할 수 있다.

① 책임감이 있으면 직장 생활에서 아무 문제가 없을 것이다.

② 능력 있는 사람도 직장 생활에서 어려움을 겪을 때가 있다.

③ 직장 생활에서 다양한 상하 관계 문제가 가장 복잡하고 힘들다.

④ 직장에서 맡은 업무를 잘하는 것이 대인 관계보다 더 중요하다.

20. 이 글의 내용과 같은 것을 고르시오.

나는 평소에 한국 역사에 관심이 많다. 그래서 한국 역사에 대한 책도 찾아서 읽고 한국의 유적지에 가서 역사를 공부하기도 한다. 내가 추천하고 싶은 장소는 수원 화성이다. 수원 화성은 조선 시대의 성곽인데 조선의 역사도 배울 수 있고 옛날 성곽의 모습도 볼 수 있어서 이곳에 가면 의미있는 시간을 보낼 수 있다. 나는 옛 전통과 문화재를 잘 지키고 후손에게 물려주는 것이 무엇보다 중요하다고 생각한다. 한국의 다른 문화재도 수원 화성처럼 잘 보존되었으면 좋겠다.

① 나는 역사책 읽는 것을 좋아하지 않는다.

② 나는 한국의 문화재를 지키는 일을 하고 있다.

③ 수원 화성은 조선 시대에 만든 성곽이 남아 있는 곳이다.

④ 한국 역사를 모르면 수원 화성에 가지 않는 것이 좋다.

[21-22] 다음을 읽고 질문에 답하시오.

여러분은 한국에서 살면서 어떤 어려움을 겪어 봤습니까? 저는 한국에 오기 전에 한국어를 공부했기 때문에 한국 사람들과 대화가 통하지 않아서 답답하거나 한국어를 못 알아듣는 어려움은 없었습니다. 제가 가장 힘들었던 것은 고향의 문화와 한국의 문화가 많이 다른 것이었습니다. 처음에 한국에 왔을 때 한국 문화를 잘 몰라서 실수하는 일도 많았고 여러 가지 문화 충격도 경험했습니다. 하지만 문화 간 차이를 극복하려고 노력하고 다양한 문화에 대해 이해하는 시간을 가지면서 이제는 한국 생활에 많이 익숙해졌습니다.

21. 이 글의 내용과 같은 것을 고르시오.

① 이 사람은 한국에 온 후에 한국어를 배웠다.

② 이 사람은 지금도 한국 생활이 힘들고 낯설다.

③ 이 사람의 고향과 한국은 문화가 많이 다르다.

④ 이 사람은 한국 사람과 대화가 통하지 않아서 답답했다.

22. 이 글의 제목으로 알맞은 것을 고르시오.

① 한국에서 경험한 어려움

② 한국 사람들의 문화 충격

③ 한국 사람과 한국어의 특징

④ 한국 사람과 의사소통하는 방법

[23-24] 다음을 읽고 질문에 답하시오.

23. 다음 글의 ㉠과 ㉡에 들어갈 단어를 순서대로 나열한 것은?

> 직원 모집 공고를 보면 모집 분야가 나와 있다. 자신에게 맞는 일이 사무실에서 컴퓨터 작업을 하는 거라면 (㉠)을 선택하고, 다른 사람을 만나서 물건을 파는 것이 맞는다면 (㉡)을 선택하면 된다.

① 일용직 - 생산직 ② 사무직 - 판매직

③ 관리직 - 일용직 ④ 영업직 - 관리직

24. 취업할 때 필요한 서류에 대한 내용이 맞지 <u>않게</u> 짝지어진 것은?

① 지원서 - 어렸을 때 살았던 고향과 성격에 대해 쓰는 서류

② 이력서 - 그동안 했던 경험이나 업무에 대해 쓰는 서류

③ 졸업 증명서 - 졸업한 학교 이름과 졸업한 날짜가 써 있는 서류

④ 가족 관계 증명서 - 법적으로 가족인 사람들의 정보를 보여 주는 서류

[25-26] 다음을 읽고 질문에 답하시오.

25. 한국의 선거 제도에 대한 설명으로 <u>틀린</u> 것은?

① 보통 선거 - 만 18세가 되면 어떤 조건 없이 모든 국민이 선거할 수 있다.

② 직접 선거 - 투표할 때 다른 사람이 대신할 수 없고 선거권을 가진 사람이 직접 투표해야 한다.

③ 평등 선거 - 유권자의 투표권이 성별, 교육 정도, 종교 등의 영향을 받지 않고 모두 같은 것이다.

④ 비밀 선거 - 어디에서 누구에게 투표했는지 다른 사람이 알 수 없도록 비밀이 지켜지는 것을 말한다.

26. 다음 글에서 설명하고 있는 음식의 종류는?

> 이것은 아기가 엄마의 젖이나 우유를 떼야 할 시기가 되었을 때 자연스럽게 밥을 먹을 수 있도록 그 중간 단계에서 먹는 부드러운 음식입니다.

① 환자식   ② 뷔페식   ③ 이유식   ④ 채소식

[27-28] 다음을 읽고 질문에 답하시오.

27. 한국의 요리 방법에 대한 설명으로 **틀린** 것은?

① 다지다 - 재료를 아주 작게 써는 것

② 찌다 - 냄비에 물과 재료를 함께 넣어 끓이는 것

③ 무치다 - 재료에 여러 가지 양념을 넣어 섞는 것

④ 데치다 - 끓는 물에 잠깐 재료를 넣었다가 꺼내는 것

28. 다음 ( ) 안에 공통적으로 들어갈 알맞은 말은?

> 인터넷 쇼핑을 하는 사람들이 많아지면서 고객이 원하는 장소까지 상품을 배달해 주는 ( ) 회사도 많아졌다. 고객은 회사의 앱을 통해서 상품의 현재 위치를 확인할 수도 있고 배달되는 시간도 알 수 있어 편리해하는 반면 ( ) 회사는 상품의 도착 시간이 조금만 늦어도 항의를 하거나 연락처를 잘못 쓰는 고객들 때문에 어려움을 겪고 있다고 한다.

① 포장   ② 구입   ③ 교환   ④ 택배

[29-30] 다음 내용을 포함하여 '<u>우리나라의 특별한 날</u>'이라는 제목으로 100자 이내로 글을 쓰시오.

◆ 여러분 나라의 특별한 날은 무엇입니까?

◆ 그날의 의미와 하는 일은 무엇입니까?

※ 작문 시험 시간은 10분이며, 답안지에는 제목을 쓰지 말고 본문만 쓰시오.

※ 다음 그림을 보고 구술감독관의 질문에 답하여 주시기 바랍니다.

1. 그림은 어떤 장면입니까?

2. 취업을 잘하려면 무엇을 준비해야 합니까?

3. 한국에서 어떤 분야의 일을 하고 싶습니까?

4. 어떤 회사가 좋은 회사라고 생각합니까?

5. 취업을 위해 시험이나 면접을 본 경험이 있습니까?

위 질문들은 실제 시험에서는 학생들에게 보이지 않습니다.
학생들은 질문을 듣고 바로 대답해야 합니다.

02

실전 모의고사 정답 및 해설

제 1 회 실전 모의고사 정답 및 해설

중간평가 객관식 필기시험						시험 시간: 50분
1	2	3	4	5	6	7
①	④	②	③	④	①	②
8	9	10	11	12	13	14
①	④	②	①	②	②	③
15	16	17	18	19	20	21
②	①	③	③	③	①	①
22	23	24	25	26	27	28
③	②	①	①	②	④	①

[1-3] 다음 (   )에 가장 알맞은 것을 고르시오.

1. 마트에서 물건을 살 때는 (   )이/가 얼마나 남았는지 꼼꼼하게 살펴봐야
    한다.

    ① 유통 기한*   ② 이월 상품 (팔지 못해 남은 상품)

    ③ 식품 매장 (마트에서 식품을 파는 곳)   ④ 과다 섭취 (너무 많이 먹었어요)

    ---

    *   우유처럼 신선한 식품은 언제까지 먹을 수 있는지 날짜를 알려 주는 부분이 있어요.
        '유통': 상품이 생산자에게서 소비자에게 도착하기까지의 여러 단계
        '기한': 어떤 것을 정해 놓은 시간

2. 아침에 알람이 울리는 소리를 못 들어서 (   ) 지각할 뻔했어요.

① 한편 (어떤 일에 대해 다른 이야기를 할 때 써요. **예** 걱정이 되지만 한편 기대도 돼요.)

② 미처 (행동이나 생각이 아직 어떤 곳까지 가지 못했어요. **예** 내 농담에 그 사람 기분이 나

   쁠 거라고는 미처 생각을 못했다.)

③ 수시로 (아무 때나 자주 **예** 엄마와 수시로 통화해요.)

④ 하마터면*

> * '-을 뻔하다' 문법과 자주 만나요.
>   잘못하면 좋지 않은 결과가 나올 뻔했는데 안 나와서 다행이라는 마음으로 써요.

3. 계속 시험에 떨어졌는데 (   ) 노력해서 마침내 합격했어요.

① 유창하게 (+ 말하다, 발표하다)　　　　　**② 끈질기게***

③ 밀접하게 (+ 관계가 있다)　　　　　④ 단정하게 (+ 입다)

> * 어떤 일을 쉽게 포기하지 않아요.
>   끈질기다 + 노력하다 / 추적하다

[4-6] 다음 질문에 답하시오.

4. 다음 중 (   )에 들어갈 알맞은 말은?

> 그는 문화재에 불을 지른 (   )의 용의자로 조사를 받고 있다.

① 절도 사건 (절도: 물건을 훔쳐요)

② 폭행 사건 (폭행: 사람을 때려요)

③ 방화 사건*

④ 뺑소니 사건 (뺑소니: 자동차로 사람을 치고 도망가요)

> * 불을 질러서 난 사고예요. 실수로 불이 났을 때는 '화재 사고'라고 하지만 누군가 일부러 그랬을 때는
>   '방화 사건'이라고 말해요.

5. 다음 밑줄 친 부분과 의미가 비슷한 것은?

> 사람은 누구나 잘못을 할 수 있지만 같은 잘못을 <u>되풀이하면</u> 안 된다.

① 병행하면 (같이 해요)

② 무리하면 (너무 지나치게 노력해서 해요)

③ 항의하면 (어떤 결정에 대해 강하게 반대해요)

④ 반복하면[*]

> * 똑같은 말이나 행동을 계속해서 해요. 보통 '실수, 잘못, 잔소리'처럼 부정적인 것과 잘 만나요.

6. 다음 밑줄 친 부분과 의미가 비슷한 것은?

> 함께 가기로 했던 사람들이 아직 도착을 안 해서 출발이 <u>늦어지고</u> 있다.

① 지연되고[*]   ② 떨어지고 (가격 등이 낮아져요)

③ 노출되고 (정보가 다른 사람에게 알려져요) ④ 단절되고 (누군가와 관계가 끊어져요)

> * 일이 예정보다 오래 걸리거나 시간이 늦추어졌을 때 써요. 비행기 도착이 지연되면 "연착되다"라는 말을 써요.

[7-11] 다음 (   )에 가장 알맞은 것을 고르시오.

7.
> 가: 이번 시험이 많이 어려웠다면서요?
> 나: 네, 너무 어려워서 선생님(   ) 못 푸는 문제가 많았대요.

① 만   **② 조차**[*]   ③ 이나마   ④ 이야말로

> * 보통 당연하거나 쉽다고 기대하는 것이 기대와 다를 때 사용해요. '마저, 까지'와 바꾸어 사용할 수도 있어요.
> (7번) 선생님은 당연히 문제를 풀 거라고 기대했는데, 문제를 풀 수 없을 정도로 문제가 어려웠어요.

8.

가: 몇 시까지 와야 해요?

나: 아무리 (   ) 12시까지는 꼭 와야 합니다.

① 늦어도 [*]   ② 늦었더니   ③ 늦을수록   ④ 늦어서 그런지

* 앞의 상황이 어떻든 상관없이 뒤의 내용은 변하지 않는다는 의미로 써요.
예) 아무리 바빠도 전화를 해야지요.
(8번) 늦을 수도 있지만, 그래도 12시까지는 와야 한다는 뜻이에요.

9.

가: 나는 지금 가려고 하는데, 너는 더 공부하다 올 거야?

나: 아니, 같이 가자. 나도 지금 막 (   ).

① 나간다고 해   ② 나가는 척해   ③ 나갈 정도야   **④ 나가려던 참이야** [*]

* 가까운 미래의 일을 계획할 때 사용해요. '참'은 무엇을 하는 때를 의미하는데, '-려던 참이다' 아니면 '-은 참이다'로 사용해요. (9번) 지금 말을 하기 바로 전에 나가려고 계획을 했어요.

10.

가: 어제는 많이 피곤했나봐요?

나: 네, 침대에 (   ) 바로 잠이 들었어요.

① 눕더니   **② 눕자마자** [*]   ③ 누울 텐데   ④ 눕는 대신

* 앞의 행동을 한 후 바로 다음 행동이 이어질 때 사용해요.
(10번) 침대에 누운 후 다른 생각이나 행동을 할 시간이 없이 바로 잠이 들었다는 의미예요.

11.

가: 문자 봤어요? 다음 주에 예정된 말하기 대회가 (   )?

나: 네, 저도 봤어요. 갑자기 왜 취소가 되었을까요?

① 취소되었다면서요 [*]   ② 취소가 된 줄 알았어요

③ 취소될 수밖에 없나요   ④ 취소될 게 뻔해요

* 다른 사람에게 듣거나 어디에서 본 내용을 상대방에게 확인하기 위해서 물을 때 사용해요.
(11번) 문자에 '말하기 대회가 취소되었다'라는 정보가 있었는데, 이것을 친구에게 확인하고 있는 거예요.

[12-16] 다음 문장과 뜻이 같은 것을 고르시오.

12. 오늘은 날씨가 추운 데다가* 눈까지 내려서 외출을 하지 않았다.

① 날씨가 추울 때는 보통 눈이 내려서 외출하기가 힘들다.

② 날씨가 추울 뿐만 아니라 눈까지 내려서 외출하지 않았다.

③ 날씨가 추워지고 눈이 내리니까 외출을 하지 않는 게 좋다.

④ 날씨가 춥지 않았지만 눈이 내려서 외출을 취소하려고 한다.

> * '-는 데다가'와 '-을 뿐만 아니라'는 모두 정보를 추가해서 말할 때 사용해요.
> (12번) 눈이 와요 + 추워요 두 정보를 똑같이 연결하는 문장을 찾으면 됩니다. .

13. 회의실을 쓰기는 쓰되* 나갈 때는 정리 부탁해요.

① 회의실을 쓰려면 나가서 정리를 먼저 할 거예요.

② 회의실을 써도 되는데 나갈 때 정리를 해야 해요.

③ 회의실을 쓰게 되면 나갈 수 있도록 정리가 필요해요.

④ 회의실을 쓸 뿐만 아니라 나갈 때 정리도 하려고 해요.

> * '-되' 문법은 허락을 하지만 조건이 있다는 것을 말할 때 쓰는 문법이에요. 주로 '-기는 -되' 형태로 많이 씁니다.
> (13번) 회의실을 쓰는 것을 허락하는데, 나갈 때 꼭 정리를 하라는 의미지요. 이때 문법 '-아/어도 되다' 처럼 허락을 나타내는 문법과 바꾸어 쓸 수 있어요.

14. 사람이 당황하면 실수를 하기 마련이다.*

① 사람이 당황할수록 실수를 많이 한다.

② 사람이 당황하더라도 실수를 하면 안 된다.

③ 사람이 당황했을 때 실수를 하는 경우가 많다.

④ 사람이 당황하지 않게 실수를 하지 않아야 한다.

> * '-기 마련이다'는 일반적으로 그런 경우가 많다는 것을 나타내는 문법이에요.
> (14번) 사람이 당황을 하면 일반적으로 실수를 하는 경우가 많다는 의미입니다. 한 번 있었던 일이 아니라 그런 일이 반복될 때 사용하기 때문에 주로 현재형으로 많이 사용해요.

15. 친구에게 고민을 털어놓았더니* 확실히 마음이 편안해졌다.

① 친구에게 고민을 말하려고 했지만 편하지가 않았다.

② 친구에게 고민을 모두 이야기한 결과 마음이 편안해졌다.

③ 친구에게 고민을 이야기하게 되면 마음이 편안해질 것이다.

④ 친구에게 고민을 해결해달라고 했더니 친구가 불편하다고 했다.

* '-었더니'는 두 가지 의미를 가지고 있어요. 하나는 어떤 행동을 한 후에 새로 알게 된 사실을 나타냅니다. 예) 문을 열었더니 친구가 서 있었어요. 두 번째는 어떤 일을 한 후에 나타난 결과를 말할 때 사용해요. 여기에서는 두 번째 의미로 사용되었어요.
(15번) 친구에게 고민을 말했어요. 그 결과 마음이 편안해졌다는 의미입니다.
'-었더니'는 '-더니'의 과거라고 생각하지 말고 다른 의미를 가지고 있는 문법으로 따로 공부해야 해요.

16. 쇼핑도 할 겸 영화도 볼 겸* 오랜만에 시내에 나왔어요.

① 쇼핑도 하고 영화도 보려고 오랜만에 시내에 나왔어요.

② 쇼핑을 한 후 영화를 보느라 오랫동안 시내에 있었어요.

③ 영화를 보거나 쇼핑을 하려고 시내에 나가는 게 오랜만이에요.

④ 오랫동안 쇼핑을 하지 못해서 영화가 끝난 후 시내에 가려고 해요.

* '-을 겸 -을 겸'은 두 가지 목표를 가지고 한 행동을 할 때 사용해요. 목적이 두 가지라는 것을 잊지 마세요. (16번) 쇼핑을 하는 것과 영화를 보는 것, 이 두 가지가 시내에 나가는 이유예요. 2번처럼 시간이 다르다는 느낌이나 3번처럼 선택의 느낌이 아니라는 점을 꼭 기억해 주세요.

[17-18] 다음을 읽고 (   )에 알맞은 것을 고르시오.

17.

> 가: 안나 씨, 이번 추석에 고향에 내려가세요*?
>
> 나: 네, 저는 지난 설에 못 가서 이번에는 꼭 가려고요. 민수 씨는요?
>
> 가: 기차표를 못 구해서 고민 중이에요. (   )이/가 많아서 그런지 너무 빨리 매진이 됐어요**.
>
> 나: 그러게요. 명절마다 기차표 구하는 게 전쟁이네요.

① 하객 (결혼식을 축하해 주기 위해 온 손님)

② 취객 (술을 마시고 취한 손님)

③ 귀성객

④ 조문객 (죽음을 위로하러 장례식에 온 손님)

> *   서울이 한국의 북쪽에 있기 때문에, 서울이 고향이 아닌 사람들은 고향에 갈 때 '내려간다'는 표현을 주로 사용해요.
> ** 문제를 풀려면 표가 왜 빨리 매진이 되는지 알아야 해요. 매진은 표가 다 팔려서 없어진다는 뜻이죠. 표를 구하는 사람이 많으니까 그럴 거예요. 고향에 가기 위해 표를 구하는 사람, '귀성객'이 정답입니다.

18.

> 이사*를 할 때는 보통 집 주인에게 두 번 돈을 지불한다. 먼저 집을 본 후 마음에 들었을 때 계약금을 보낸다. 계약금은 집값 전체의 일부를 보내는 것으로 계약을 취소하면 돌려받을 수 없다. 계약금을 보내면서 보통 이사할 날짜를 정하는데, (   )은/는 이사하는 날 지불하는 것으로 계약금을 뺀 나머지 집값을 보내는 것이다.

① 매매   ② 전입   **③ 잔금**   ④ 등본

> *   집을 구하고, 계약을 하는 것과 관련된 단어들은 시험에 자주 출제돼요.
> ** '잔금'은 남아 있는 돈이라는 뜻이에요. 물건이 9,000원이면 만 원을 내고 3,000원을 받지요? 그걸 '잔돈'이라고도 불러요. 남은 돈이니까요. '잔금', '잔돈' 같이 외워 주세요.

[19-20] 다음을 읽고 질문에 알맞은 것을 고르시오.

19. 이 글의 내용과 같은 것을 고르시오.

> 어제 밤 12시쯤 서울시에 있는 한 도로에서 배달 오토바이 두 대가 서로 부딪히는 교통사고*가 발생했다. 이 사고로 오토바이 운전자 A씨가 사망하고 다른 운전자 ② B씨도 큰 부상을 입었다고 한다.
>
> 경찰은 두 오토바이 모두 야식을 배달하러 가던 중에 ④ 신호를 지키지 않고 빠른 속도로 달리다가 사고가 일어난 것으로 보고 있다. 최근 ① 배달 수요**가 증가하면서 배달 오토바이와 관련한 사고가 함께 증가하고 있다. ③ 배달 시간을 지키기 위해 속도와 신호를 위반하는 경우가 많고, 운전 중 전화를 이용할 때가 많아서 사고 비율이 높은 것으로 나타났다. 뿐만 아니라 헬멧을 쓰지 않고 운전하다가 사고가 났을 경우 큰 피해가 발생할 수 있어 오토바이 운전자들의 주의가 필요하다.

① 배달을 시키는 사람들이 점점 감소하고 있다. → 점점 증가하고 있다.

② 어제 있었던 오토바이 사고로 운전자들이 모두 사망했다. (x)

→ 모두 사망한 게 아니라 A씨만 죽었어요. B 씨는 다쳤지만 죽지 않았습니다.

③ 배달 오토바이 운전자들이 교통 신호를 안 지키는 경우가 많다.

④ 어제 사고는 오토바이 운전자가 운전 중에 ~~전화를 하다가~~ 발생했다.

→ 전화 때문이 아니라 신호를 지키지 않고 빨리 달려서 사고가 났어요.

---

* '사건과 사고'에 대한 주제네요. 간단한 뉴스나 신문을 보고 내용을 이해할 수 있을 정도의 한국어를 할 수 있는지 확인하는 질문이에요. 누가 사고를 냈는지, 그래서 어떻게 됐는지를 잘 살펴 보세요. 교통 사고의 경우 '속도, 위반, 헬멧, 신호' 등의 단어가 많이 나오고 '사망, 부상, 피해' 등의 단어도 항상 나오고 있습니다.

** 수요: 필요로 하는 사람

20. 이 글의 내용과 같은 것을 고르시오.

> 한국은 다양한 형태의 집[*]이 있는데 ① 가장 많이 볼 수 있는 것은 아파트이다. 아파트는 여러 가구가 함께 살기 때문에 주변 교통이 편리하고 다양한 편의 시설이 있는 경우가 많다. 또한 주변에 학교가 생기는 경우가 많아서 교육 환경도 좋은 편이다. 전기나 ② 난방도 주택에 비해 잘 되어 있는 경우가 많고 주차장도 넉넉한 편이다. 그러나 아파트의 경우 층간 소음^{**}으로 인해 문제가 생기기도 한다. 악기 소리나 발걸음 소리, 반려 동물의 짖는 소리 때문에 다툼이 생기는 경우가 많은데 얼마 전에도 아파트 층간 소음 문제로 살인 사건이 일어나 많은 사람들에게 큰 충격을 주었다. 문제는 층간 소음관련 문제가 생겼을 때 ④ 이를 해결할 수 있는 방법이 없다는 것이다.

① 아파트는 한국의 가장 대표적인 주거 방식이다.

② 아파트의 난방 시설이 주택에 비해 ~~좋지 않다.~~ → 잘 되어 있다.

③ 아파트의 층간 소음 때문에 이사를 가는 사람이 많다.

   → 문제이긴 하지만 이사를 간다는 정보는 없어요.

④ 아파트에서 소음 문제가 발생해도 쉽게 ~~해결하는 편이다.~~

   → 해결하는 방법이 없어요.

---

* 한국 사람들의 '주거' 형태에 대한 질문입니다. '주거'는 '집'과 관련된 주제예요. 아파트나 빌라, 주택에서 사는 장점과 단점을 정리해 두세요. 또 전세, 월세 등과 같은 단어가 이 주제에서 많이 출제되고 있습니다.

** 층간소음은 쓰기나 말하기에서도 나올 수 있는 단어예요. 아파트 같은 공동주택에서 위 아래 집 사이에 생기는 문제입니다. '주거' 뿐만 아니라 '사건'과도 관계가 있는 단어니까 꼭 알아 두세요.

[21-22] 다음을 읽고 질문에 답하시오.

이런 독감의 증상이 나타나면 일상 생활을 할 때 어려움이 생기기 때문에 가능한 독감에 걸리지 않도록 주의해야 한다. 먼저 독감은 전염력이 강하기 때문에 외출한 후 집에 돌아오면 손을 잘 씻는 것이 무엇보다 중요하다. 전문가들에 따르면 ④ 손을 잘 씻었을 경우 그렇지 않은 경우와 비교해 약 50~70%까지 예방 효과가 높아진다고 한다. 다음으로 스트레스를 많이 받거나, 잠을 잘 못 잘 경우 더 쉽게 독감에 걸릴 수 있으니 ② 평소 몸이 너무 피곤해지지 않도록 주의해야 한다. 또, 몸의 온도가 갑자기 변하면 독감이나 감기에 걸리기 쉽기 때문에 ③ 일정한 온도를 유지할 수 있도록 해야 한다. 마지막으로 독감은 예방 주사를 맞으면 70-90% 예방이 가능하다고 한다. 그러나 ① 주사의 효과가 1년밖에 되지 않기 때문에 독감을 예방하기 위해서는 해마다 예방 접종을 하는 것이 좋다.

21. 이 글의 내용과 같은 것을 고르시오.

① 독감 예방 접종은 1년 정도 효과가 있다.

② 독감에 걸리면 평소에 비해 몸이 피곤해질 수 있다.

→ 몸이 피곤해지지 않게 주의하라는 거지, 감기에 걸려 피곤해지는 건 아니에요.

③ 독감에 걸리지 않기 위해 몸의 온도를 높여 주는 게 좋다.

→ 온도를 유지하는 것이 좋지, 온도를 높여 준다고 좋은 건 아니에요.

④ 독감에 걸린 사람은 손을 깨끗이 씻어야 빨리 나을 수 있다.

→ 독감에 걸리지 않도록 손을 씻는 게 중요합니다. 이미 걸려버린 것에 대해서는 말하지 않았어요.

22. 이 글의 제목으로 알맞은 것을 고르시오.

① 독감의 원인 　　　　　　② 독감 환자 현황

③ 독감 예방 방법[*]　　　④ 독감 치료 방법

* 여기서는 독감에 걸리지 않기 위한 방법을 4가지 이야기하고 있어요. 그래서 답은 예방 방법입니다.

[23-24] 다음을 읽고 질문에 답하시오.

23. 다음 글의 ㉠과 ㉡에 들어갈 단어를 순서대로 나열한 것은?

> 한국의 교육은 크게 국가의 제도 안에서 이루어지는 (㉠   )와/과 학교 밖에서 학생 개인의 부족한 부분을 보충하기 위해 이루어지는 (㉡   )(으)로 구별할 수 있다.

① 공립 - 사립[*]

② **공교육 - 사교육**

③ 일반 학교 - 대안 학교[**]

④ 주입식 교육[***] - 인성 교육

> [*] 국가에서 세우면 '국립', 지방단체나 공공 기관에서 세우면 '공립', 그 외 개인이나 법인이 세우면 '사립'이라고 해요.
> [**] '대안 학교'는 공교육에서 이룰 수 없는 교육 목표를 가지고 있거나, 해결할 수 없는 문제를 해결하기 위해 만든 자율적인 학교예요. 나라의 인정을 못 받는 대안 학교도 많이 있어요.
> [***] 주입식 교육: 학생들이 스스로 생각하기 보다는 선생님이 주는 정보를 외우는 식의 교육이에요. 부정적인 의미를 가지고 있어요. 인성 교육: 지식 보다는 바른 생각, 바른 마음을 길러주는 수업이에요.

24. 살면서 경험하게 되는 문제[*]에 대한 내용이 맞지 <u>않게</u> 짝지어진 것은?

① **신로 문제[**] - 고부간의 갈등[***]이 있다.**

② 경제 문제 - 수입이 일정하지 않다.

③ 육아 문제 - 아이를 돌보기가 어렵다.

④ 집안 문제 - 부부 사이에 소통이 잘 안 된다.

> [*]   고민과 상담에 대한 내용입니다.
> [**] 진로 문제는 직업이나 학교에 관련된 문제입니다. 어떤 일을 해야 할지 분명하지 않을 때 사용합니다.
> [***] 고부 갈등은 결혼 후 시어머니와 며느리의 갈등을 이야기합니다.

[25-26] 다음을 읽고 질문에 답하시오.

25. 한국의 국민 건강 보험 제도*에 대한 설명으로 틀린 것은?

① 보험료는 소득에 상관없이 일정하다.

② 국민들이 평소에 건강 보험료를 낸다.

③ 국민 건강 보험은 개인이나 가족 단위로 가입한다.

④ 건강 보험 가입자는 모두 똑같은 보험 서비스를 받는다.

> * 현대인들의 질병에 대한 내용입니다. 한국의 국민 건강 보험제도에 대한 정보를 미리 공부해 두어야 합니다. 한국의 보험료는 소득이나 재산에 따라 다르지만, 국민 건강에 가입한 사람은 모두 같은 보험 서비스를 받는다는 것을 꼭 기억해 주세요.

26. 다음 글에서 설명하고 있는 한국의 교육 제도*는?

> 이것은 정규 학교를 졸업한 것과 같은 자격을 얻기 위해 보는 시험으로, 초등학교, 중학교, 고등학교 과정이 모두 있습니다.

① 수능 (대학 입학 시험으로 1년에 한 번 있어요)

② 검정고시**

③ 특별 전형 (학교에서 배우기 전에 먼저 배우는 거예요)

④ 체험 학습 (학교 밖에서 하는 다양한 개인적인 경험을 수업으로 인정해 주는 거예요)

> * 한국의 교육 제도에 대한 질문입니다. 어떤 제도가 있는지 정리해 두세요.
> ** 검정고시는 학교를 다니지 않는 사람들을 위해 있는 제도입니다.

[27-28] 다음을 읽고 질문에 답하시오.

27. 한국의 전통 명절[*]과 관련된 설명으로 틀린 것은?

① 추석에는 햇곡식과 햇과일로 차례를 지낸다.

② 설날에는 친지들을 찾아뵙고 새해 인사를 드린다.

③ 동지에 팥죽을 먹는 이유는 나쁜 기운을 쫓아내기 위해서다.

④ 정월 대보름에 붉은색 음식을 먹으면 피부병이 생기지 않는다^{**}.

> * 한국의 대표적인 명절인 설날(구정), 추석(한가위), 동지, 정월 대보름, 단오에 대해 공부해야 해요.
> ** 정월 대보름에는 '부럼' 같은 견과류를 먹어요. 그래야 피부병이 생기지 않는다고 생각합니다.

28. 다음 (   ) 안에 공통적으로 들어갈 알맞은 말은?

> 최근 젊은 세대 사이에서 가족이 아닌 사람들과 집을 나눠 쓰는 (   ) 주택이 인기를 끌고 있다. 이 주택에서는 주방이나 거실 같은 공간을 같이 사용하지만 각자의 방은 독립되어 있다. 여러 사람과 집을 함께 사용하기 때문에 돈이 덜 들고 외롭지 않다는 장점이 있다. 이런 (   ) 문화는 집과 같은 공간, 자동차와 같은 물건, 하나의 아이디로 여러 명이 접속하는 인터넷 TV까지 다양하게 나타나고 있다.

① 공유[*]

② 임대(일정 기간 비렬서 사용하는 거예요.)

③ 중개(소개하는 거예요. 보통 부동산이라고 부르는 곳의 정식 이름이 '공인중개소'에요.)

④ 풀 옵션(집을 구하거나 자동차를 살 때 기본적으로 필요한 것들이 들어 있는 것을 의미해요.)

> * 공유 주택 또는 쉐어 하우스라고도 해요. 주택 뿐만 아니라 공유 자동차와 같은 것도 있으니까 기억해 두세요. SNS에서 정보를 다른 사람들과 같이 볼 때 '공유하다'라고도 말해요.

[29-30] 다음 내용을 포함하여 '스마트폰 중독과 예방'이라는 제목으로 100자 이내로 글을 쓰시오.

> ◆ 스마트폰 중독의 원인은 무엇인가?
> ◆ 스마트폰 중독을 해결하기 위한 방법에는 어떤 것이 있는가?

※ 작문 시험 시간은 10분이며, 답안지에는 제목을 쓰지 말고 본문만 쓰시오.

	사	람	들	이		스	마	트	폰	에		중	독	되	는		이	유	는
대	인		관	계	가		원	만	하	지		않	기		때	문	이	다	.
사	람	들	과		직	접		대	화	하	는		시	간	을		늘	리	고
함	께		어	울	린	다	면		스	마	트	폰		중	독	을		해	결
하	는		데	에		도	움	이		될		것	이	다	.				

※ 다음 그림을 보고 구술감독관의 질문에 답하여 주시기 바랍니다.

1. 무슨 사건에 대한 그림입니까?

→ 교통사고가 난 것에 대한 그림입니다.

2. 한국에서 이런 사고가 일어나면 어디에 신고해야 합니까?

→ 119나 112에 신고해야 합니다. 사람이 다치지 않은 경우 112에 신고하면 됩니다.

3. 이 그림 속 사람들은 무엇을 하고 있습니까?

→ 구급대원들은 다친 사람을 옮기려고 하고, 경찰은 사람들에게 어떻게 사고가 났는지 확인하고 있습니다.

4. 그림 속의 사고는 왜 일어났을까요? 이유를 추측해서 이야기해 보십시오.

→ 뒤에 오던 차가 앞에 있는 차에 있던 차를 박아서 사고나 일어난 것 같습니다. 아마 뒤에 있던 차의 운전자가 휴대 전화를 하거나 다른 생각을 해서 앞의 차가 멈추는 것을 못 봤을 것입니다.

5. ○○ 씨가 직접 사고를 보거나 경험해 본 적이 있나요? 자신의 경험을 이야기해 주세요.

→ 저는 사고가 난 적은 없지만 교통사고가 난 것을 직접 본 적이 있어요. 오토바이하고 자동차가 부딪혔는데 오토바이 운전자가 많이 다친 것 같았어요. 다행히 헬멧을 쓰고 있어서 머리를 다치지는 않았지만 걸을 수 없을 정도로 다리를 다쳤어요.

제 2회 실전 모의고사 정답 및 해설

중간평가 객관식 필기시험   시험 시간: 50분

1	2	3	4	5	6	7
②	④	①	③	③	②	①
8	9	10	11	12	13	14
④	③	③	④	①	②	①
15	16	17	18	19	20	21
④	③	④	②	④	①	①
22	23	24	25	26	27	28
①	③	②	④	②	②	③

[1-3] 다음 (   )에 가장 알맞은 것을 고르시오.

1. 가격 할인을 받을 수 있기 때문에 여러 사람이 모여서 (   )을/를 하는 사람들이 늘고 있다.

① 매출 (물건을 파는 일)   **② 공동 구매***

③ 지출 (돈을 사용하는 것)   ④ 충동 구매 (계획에 없던 것을 갑자기 사는 일)

> * '공동'은 여러 명이 함께 하는 것이고, '구매'는 물건을 사는 것이에요.
> 여러 사람이 모여서 물건을 사면 할인을 받을 수 있으니까 최근에 함께 모여서 물건을 사는 경우가 많은데 이것을 '공동 구매'라고 해요.

2. (   ) 오신 것 같으니까 이제 시작하도록 하겠습니다.

① 미처 (아직 예 미처 일을 끝내지 못했다)

② 꾸준히 (부지런하게 계속 예 꾸준히 연습했다)

③ 전혀 (아주, 완전히 + 부정적인 내용 예 전혀 몰랐어.)

④ 대부분*

> * 그 수가 전체에 아주 가까운 정도를 말해요. '거의'와 바꿔 쓸 수 있어요.

3. 다문화 사회*에서는 보다 더 (   ) 시민 의식이 필요하다.

① 성숙한**

② 느긋한 (여유가 있다)

③ 신속한 (매우 빠르다)

④ 당연한 (앞뒤의 상황을 생각해 보면 그게 맞다)

> *   다문화 사회: 한 나라나 사회에 다양한 사람들의 문화가 함께 있는 사회를 말해요. 한국도 다문화 사회예요.
> ** 몸과 마음이 어른처럼 되는 것이에요.

[4-6] 다음 질문에 답하시오.

4. 다음 중 (   )에 들어갈 알맞은 말은?

> 회사에서 (   )을 쌓으려면 상사가 맡긴 일을 기한 안에 처리하는 것이 좋다.

① 소감 (마음에서 느낀 것)

② 공감 (다른 사람의 의견에 대해 자기도 그렇다고 느끼는 것)

③ 신뢰감[*]

④ 기대감 (바라는 마음)

> *   믿을 수 있는 마음이에요.(감: 생각, 느낌)

5. 다음 밑줄 친 부분과 의미가 비슷한 것은?

> 3년 전부터 한국에 이민 가기로 <u>결심하고</u> 준비를 해 왔습니다.

① 적성에 맞고 (어떤 일이 나의 소질과 능력에 맞다 예 적성에 맞는 일을 찾아야 한다.)

② 기회를 잡고 (어떤 기회가 왔을 때 그것을 내 것으로 만들다.)

③ 마음을 먹고[*]

④ 자리를 잡고 (일자리나 있을 곳을 정하게 되다.)

> *   무엇을 하겠다고 생각을 한다는 뜻이에요.

6. 다음 밑줄 친 부분과 의미가 비슷한 것은?

> 인공 지능이 발전하기 위해서는 끊임없이 자료를 <u>모으고</u> 분석하여야 한다.

① 조절하고 (적당하게 맞추다.)　　　　② **수집하고**^{*}

③ 개발하고 (땅을 잘 사용할 수 있게 하다)　④ 작동하고 (기계 같은 것을 움직이게 하다)

> * 여러 가지 물건이나 재료를 찾아 모으는 거예요.

[7-11] 다음 (　　　)에 가장 알맞은 것을 고르시오.

7.

> 가: 일이 힘들지 않아요?
> 나: 괜찮아요. 일한 시간 (　　　　　) 돈을 받을 수 있으니까 좋은 것 같아요.

① **만큼**^{*}

② 밖에 (밖에+부정 **예** 나는 친구가 한 명밖에 없다.)

③ 이나 (어떤 것의 양이나 정도가 매우 많음을 나타낸다. **예** 하루에 커피를 다섯 잔이나 마신다.)

④ 조차 (아주 기본적인 것이라고 생각하는 것 뒤에 사용한다. **예** 목이 아파서 물조차 못 마신다.)

> * 뒤의 내용이 앞의 내용과 정도가 비슷할 때 사용해요.
> 　여기서는 일한 시간과 받는 돈의 정도가 비슷하다는 의미예요.

8.

> 가: 잠시드 씨, 요즘 늦게까지 회사에 있는 걸 보면 회사 일이 바쁜가 봐요.
> 나: 네. 새로운 모바일 앱 개발 때문에 회사에서 (　　　　　).

① 살지도 몰라요　　　　　　　② 사는 법이에요

③ 살기 마련이에요　　　　　　④ **살다시피 하고 있어요**^{*}

> * 실제로 어떤 행동을 한 것은 아니지만 그 행동과 거의 비슷하다고 말할 때 사용해요.
> 　여기서는 진짜 회사에서 사는 것은 아니지만 회사에서 사는 것처럼 아침부터 밤까지 계속 회사에 있는다
> 　는 의미예요.

9.

가: 요즘도 고향 음식을 자주 만들어 먹어요?

나: 아니요, 요즘은 간편하게 배달 앱으로 (   ).

① 주문한다고 해요　　　　　　　　　② 주문해 볼 만해요

③ 주문하곤 해요[*]　　　　　　　④ 주문하나 봐요

> * 어떤 일을 불규칙하게 반복할 때 말해요.
> 여기서는 매일 주문을 하거나 하루에 한 번씩 규칙적으로 하는 것은 아니지만 가끔 반복해서 배달 앱으로 주문한다는 의미예요.

10.

가: 아까 왜 전화를 안 받았어?

나: 샤워를 (   ) 전화를 못 받았어.

① 할수록　　　　② 하더니　　　　**③ 하느라고**[*]　　　④ 하자마자

> * 이유나 원인을 말할 때 사용하는데 뒤의 내용은 보통 부정적이에요. 앞의 내용을 해서 힘들거나 다른 행동을 하지 못할 때 주로 사용해요.
> 여기서는 샤워를 했기 때문에 전화를 받지 못했다는 의미예요.

11.

가: 의사 선생님, 치료를 받으면 몸이 괜찮아질까요?

나: 네. 그런데 담배를 (   ) 큰 효과를 기대하기는 어렵습니다.

① 끊으므로　　　② 끊었더라면　　　③ 끊을 정도로　　**④ 끊지 않는 한**[*]

> * 뒤의 행동이나 상태에 대해 조건이 될 때 사용해요.
> 여기서는 담배를 끊어야 몸이 괜찮아질 거예요. 담배를 끊지 않으면 치료의 효과를 기대하기 어렵다는 의미예요.

[12-16] 다음 문장과 뜻이 같은 것을 고르시오.

12. 난방비를 줄이도록* 집 안의 온도를 낮추세요.

① 난방비를 줄이는 대신에 집 안의 온도를 낮추세요.

② 난방비를 줄이게 집 안의 온도를 낮추세요.

③ 난방비를 줄이는 데다가 집 안의 온도를 낮추세요.

④ 난방비를 줄이다가 집 안의 온도를 낮추세요.

* '-도록'과 '-게'는 모두 어떤 목적을 위해 뒤의 행동을 할 때 사용해요.
여기서는 난방비를 줄이기 위해서 집 안의 온도를 낮추라는 의미예요.

13. 인터넷에서 사진만 보고 가방이 큰 줄 알았어요*.

① 인터넷에서 사진만 보고 가방이 큰 줄 몰랐어요.

② 인터넷에서 사진만 보고 가방이 크다고 생각했어요.

③ 인터넷에서 사진만 보고 가방이 작다고 생각했어요.

④ 인터넷에서 사진만 보고 가방이 작은 것을 알았어요.

* 생각한 것과 다를 때 사용해요.
여기서는 인터넷에서 사진으로만 봤을 때는 가방이 크다고 생각했어요. 그런데 사실은 생각보다 가방이 작았다는 의미예요.

14. 직원이 관객들에게 공연장으로 입장하래요*.

① 직원이 관객들에게 공연장으로 입장하라고 했어요.

② 직원이 관객들에게 공연장으로 입장하냐고 했어요.

③ 직원이 관객들에게 공연장으로 입장하자고 했어요.

④ 직원이 관객들에게 공연장으로 입장한다고 했어요.

* '-(으)래요', '-(으)라고 했어요'는 다른 사람에게 들은 말을 다시 말할 때 사용해요.
여기서는 직원이 관객들에게 "공연장으로 입장하세요."라고 말한 것을 듣고 다시 말할 때 사용한 거예요.

15. 동료에게 도움을 요청하기도 어렵고 해서[*] 직장 생활이 힘들어요.

① 동료에게 도움을 요청하기가 어려운 한 직장 생활이 힘들어요.

② 동료에게 도움을 요청하기도 어렵기는커녕 직장 생활이 힘들어요.

③ 동료에게 도움을 요청하기가 어려운 데다가 직장 생활이 힘들어요.

④ 동료에게 도움을 요청하기도 어렵기 때문에 직장 생활이 힘들어요.

> * 여러 가지 이유 중의 하나를 말할 때 사용해요.
>   여기서는 동료에게 도움을 요청하는 것이 어려워서 직장 생활이 힘들다는 뜻이에요.

16. 꼬리가 길면 밟히는 법이다[*].

① 꼬리가 길면 밟혀야 한다.

② 꼬리가 길면 밟히면 된다.

③ 꼬리가 길면 밟히기 마련이다.

④ 꼬리가 길면 밟히려던 참이다.

> * '-는 법이다'와 '-기 마련이다' 모두 그렇게 되는 것이 당연하다고 말할 때 사용해요.
>   여기서는 나쁜 일을 다른 사람 모르게 해도 계속 하면 결국 다른 사람이 알게 된다는 의미예요.

[17-18] 다음을 읽고 (　　　)에 알맞은 것을 고르시오.

17.

> 가: 요즘 회사에서 인간관계 때문에 퇴사하는 사람이 많다면서요?
>
> 나: 그래요? 그런데 성민 씨는 상사나 동료들과도 잘 지내고 대인 관계*가 좋은 것 같아요. 좋은 비결이라도 있어요?
>
> 가: 아니요, 특별한 비결은 없고 가능하면 상대방의 말에 공감을 해 주고 선배뿐만 아니라 후배에게도 (　　　) 노력하는 편이에요.
>
> 나: 그렇군요. 저는 내성적인 편이라서 인간관계가 서툴거든요. 성민 씨가 많이 도와주세요.

① 자리를 빛내려고 　　　　　　② 상담을 받으려고

③ 목숨을 구하려고 　　　　　　**④ 예의를 지키려고**

＊ 이 문제는 인간관계나 대인 관계를 잘할 수 있는 비결에 대해 질문하고 대답하는 내용이에요. 인간관계를 잘하려면 상대방의 말에 공감해 주고 상대방에게 예의를 지키면 좋을 것 같네요.

18.

> 나는 난타 공연을 보러 간 적이 있다. 이 공연은 대사가 별로 없어서 한국말을 잘 못하는 외국인들도 많이 본다고 했다. 난타는 주방에서 일어나는 일들을 칼과 도마를 사용하여 한국의 전통적인*(　　　) 리듬에 맞춰 신나고 재미있게 만든 공연이라서 그런지 보는 내내 즐거웠다. 또한 관객이 직접 무대에 오르고 참여할 수 있어서 특별한 기억을 만들 수도 있다.

① 케이팝 　　　　**② 사물놀이** 　　　③ 연주회 　　　④ 길거리 공연

＊ 한국의 전통적인 음악은 사물놀이죠? 꽹과리·장구·북·징 이렇게 네 가지 악기로 하는 연주예요.

[19-20] 다음을 읽고 질문에 답하시오.

19. 이 글의 내용과 같은 것을 고르시오.

> 저는 한국에 온 지 2년이 되었습니다. 처음 한국에 왔을 때는 음식과 언어 등 모든 게 낯설고 고향의 가족들과 친구들이 그리워서 무척 힘들었습니다. 그렇지만 피부 미용사가 되고 싶은 꿈이 있었기 때문에 한국어도 열심히 배우고 피부 미용 기술도 배우면서 앞만 보고 달렸습니다. 조금씩 피부 미용 아르바이트를 하면서 자신감도 생기고 주변을 돌아볼 만큼 여유도 생긴 것 같습니다. 역시 고생 끝에 낙이 온다*는 말이 맞는 것 같습니다.

① 이 사람은 ~~한국어에 대한 자신감을 갖고 있다.~~

  → 처음 한국에 왔을 때 언어가 낯설었다.

② 이 사람은 ~~처음 한국에 왔을 때 무척 설레었다.~~

  → 무척 힘들었다.

③ 이 사람은 ~~아르바이트 때문에 아직 여유가 없다.~~

  → 처음과 달리 지금은 여유가 생겼다.

④ 이 사람은 힘든 일이 지나고 나면 행복해진다고 믿는다.

* 어려운 일이나 힘든 일 뒤에 반드시 즐겁고 좋은 일이 생긴다는 뜻이에요.

20. 이 글의 내용과 같은 것을 고르시오.

> 인터넷이 발달하게 되면서 사진이나 동영상은 물론이고 중요한 자료를 컴퓨터나 메신저를 통해 빠르게 전달할 수 있게 되었다. 그래서 그런지 다른 사람이 만든 저작물을 아무 생각 없이 함부로 공유하는 사람도 많아졌다. 그러나 저작권자의 동의 없이 음악이나 동영상 등을 다운로드해서 사용하거나 불법으로 영화를 다운로드 받으면 저작권법을 위반하는 것이 된다. 그러므로 다른 사람이 만든 저작물*을 다운로드 받을 때는 그것을 만든 사람이나 가지고 온 인터넷 주소를 반드시 알려야 한다.

① <u>**저작물을 마음대로 공유하는 것은 불법이다.**</u>

② 저작물을 다운로드 받으면 거의 처벌을 받는다.

   → 이 글의 내용에 직접적으로 처벌을 받는다는 내용은 없다.

③ 영화를 다운로드 받을 때는 극장에 알리는 것이 낫다.

   → 저작물을 다운로드 받을 때는 그것을 만든 사람이나 가지고 온 인터넷 주소를 반드시 알려야 한다.

④ 자료는 사진보다 다른 사람에게 전달하기가 더 어렵다.

   → 사진, 동영상, 자료 모두 컴퓨터나 메신저를 통해 빠르게 전달할 수 있다.

---

* '저작물'은 인간의 생각이나 감정을 표현한 창작물이에요. 그 창작물에 대해서 가지는 권리는 '저작권'이라고 해요.

[21-22] 다음을 읽고 질문에 답하시오.

미세먼지*는 공기 중에 있는 눈에 보이지 않을 정도로 작은 먼지를 말한다. 미세먼지는 대부분 공장이나 자동차에서 나오는 배기가스로 인해 발생한다. 이러한 미세먼지에 노출될 경우 감기뿐만 아니라 기관지염, 피부병, 눈병 등에 걸리기 쉽다. 그러므로 이런 병에 걸리지 않으려면 미세먼지가 심할 때는 외출을 자제하는 것이 가장 좋은 방법이다. 만약 외출을 하게 된다면 반드시 마스크를 쓰도록 해야 한다. 그리고 외출 후에는 손과 발을 꼼꼼하게 씻는 습관을 갖는 것이 중요하다. 또 평소에 물을 많이 마시는 것도 도움이 된다.

21. 이 글의 내용과 같은 것을 고르시오.

① 미세먼지에 노출되면 몸이 상할 수 있다.

② 미세먼지의 가장 큰 문제는 자동차의 배기가스다.

　　→ 미세먼지는 대부분 공장이나 자동차에서 나오는 배기가스로 인해 발생한다.

③ 평소에 마스크를 쓰고 다니면 미세먼지를 예방할 수 있다.

　　→ 미세 먼시가 심할 때 외출하게 되면 마스크를 쓰는 것이 좋다.

④ 건강이 안 좋은 사람은 물을 마신 후에 외출하는 것이 좋다.

　　→ 평소에 물을 많이 마시면 미세먼지로 인한 병을 예방할 수 있다.

＊ '미세먼지'는 환경과 관련된 문제예요. 환경 오염은 우리 생활에 직접적인 문제를 가져올 수 있으므로 '환경 오염, 환경 보호'와 관련된 어휘를 알아 두세요.

22. 이 글의 제목으로 알맞은 것을 고르시오.

① 미세먼지로 인한 병의 예방법*

② 미세먼지 노출 때문에 생긴 병

③ 미세먼지의 발생 이유와 해결 방법

④ 미세먼지 발생의 중요성과 외출 방법

＊ 미세먼지 때문에 다양한 병이 생길 수 있는데 그 병을 예방하려면 어떻게 해야 하는지 설명하고 있으니까 답은 '미세먼지로 인한 병의 예방법'이에요.

[23-24] 다음을 읽고 질문에 답하시오.

23. 다음 글의 ⊙과 ⓒ에 들어갈 단어를 순서대로 나열한 것은?

> 한국에서는 일반적으로 오토바이를 탈 때는 (　⊙　)을/를 써야 하고 아기를 차에 태울 때는 (　ⓒ　)에 태워야 하며 지하철 출입구 10m 이내에서는 담배를 피울 수 없다.

① 헬멧 - 깁스　　② 텀블러* - 깁스**　③ **헬멧 - 카 시트***　④ 텀블러 - 카 시트

> * 텀블러: 물이나 음료수를 담을 수 있는 병이죠. 커피숍에 가져가면 커피살 때 할인을 받을 수도 있어요.
> ** 깁스: 뼈가 부러졌을 때 움직이지 않게 하기 위해 단단하게 만든 붕대예요.
> *** 외래어 문제인데요. 오토바이를 탈 때 반드시 써야 하는 모자가 '헬멧'이고 아기를 차에 태울 때 아기의 안전을 위해서 꼭 '카 시트'에 앉혀야 해요. 자주 사용하는 외래어는 의미와 쓰는 방법을 잘 알아 두세요.

24. 생활비와 사용한 내용이 맞지 <u>않게</u> 짝지어진 것은?

① 식비 - 점심값　　　　　　　　**② 통신비* - 월세**

③ 교육비 - 영어 학원비　　　　　④ 공과금** - 전기요금

> * '통신비'는 통신에 드는 비용이에요. 예 핸드폰 요금
> ** '공과금'은 나라에 내는 돈이에요. 예 전기요금, 수도요금

[25-26] 다음을 읽고 질문에 답하시오.

25. 한국의 전통 난방 방식인 온돌*에 대한 설명으로 틀린 것은?

① 온돌은 아궁이, 구들, 굴뚝으로 이루어져 있다.

② 옛날 사람들은 아궁이에서는 밥을 하거나 요리를 해서 먹었다.

③ 한국 사람들은 지금도 방바닥을 데우는 방식으로 난방을 하고 있다.

④ 굴뚝은 오랫동안 온기를 지니기 때문에 긴 겨울밤에도 추위를 견딜 수 있다.

→ 이 설명은 '구들'에 대한 것이에요.

> * '온돌'은 한국의 대표적인 난방 방식으로 '아궁이, 구들, 굴뚝'으로 이루어져 있어요. '아궁이'는 불을 때는 곳이고 '구들'은 방바닥에 까는 돌로 방을 따뜻하게 만들며, '굴뚝'을 통해 연기가 밖으로 나가요.

26. 다음 글에서 설명하고 있는 것은?

> 이것은 '쓰레기 투기', '음주 소란', '인근 소란' 등 일상생활에서 흔하게 일어나고 처벌이 가벼운 것이지만 주변의 시민들에게 불편을 끼치거나 불안감을 줄 수 있습니다.

① 모욕죄[*]　　② **경범죄**[**]　　③ 무단 침입[***]　　④ 불법 투기[****]

---

[*]　모욕죄: 다른 사람을 무시하고 부끄럽게 만듦으로써 생기는 죄
[**]　'경범죄'는 일상생활에서 가볍게 법을 위반하는 것이지만 벌금도 있고 처벌도 있으니까 조심해야 해요.
[***]　무단 침입: 다른 사람의 집에 허락 없이 들어가는 것
[****]　불법 투기: 버리는 안 되는 곳에 쓰레기 등을 버리는 것

[27-28] 다음을 읽고 질문에 답하시오.

27. 과학의 발달[*]로 우리 생활에 변화를 가져온 것에 대한 설명으로 틀린 것은?

① 자율 주행은 운전자가 작동하지 않아도 차가 스스로 가는 것이다.

② **사물 인터넷은 인터넷으로 쇼핑을 제어하거나 사물을 보는 것이다.**[**]

③ 가상 현실은 컴퓨터로 만들어 놓은 가상의 세계에서 실제와 같은 일을 체험하는 것이다.

④ 인공 지능은 병원에서 안내 서비스를 제공하거나 엑스레이를 분석할 때 사용되는 것이다.

---

[*]　과학의 발달로 우리 생활에 많은 변화가 생겼지요? 새로운 변화들에 대해서 알아 둡시다!
[**]　사물 인터넷은 세상에 존재하는 모든 사물이 연결되어 구성된 인터넷으로 새로운 서비스를 제공할 수 있어요. 예 침대에 누우면 전등이 꺼지도록 하는 것

28. 다음 (   ) 안에 공통적으로 들어갈 알맞은 말은?

> 한국에서는 친척이나 친구에게 좋은 일이나 안 좋은 일이 생겼을 때 (   )을/를 주면서 서로 마음을 나누는 문화*가 있다. 예를 들면 친구가 결혼을 하거나 친척이 돌아가시면 (   )을/를 준다. 이렇게 큰일이 있을 때 서로 돕는 것은 좋지만 서로 부담스럽지 않게 마음을 나누어야 하겠다.

① 의료비   ② 교통비   **③ 경조사비****   ④ 문화생활비***

* 다양한 한국 문화에 대해서 알아 두는 것이 좋아요. 여기서는 한국 생활을 할 때 어디에 소비를 하는지 확인해 보세요. 월세, 식비, 의료비, 교통비 등 많은 곳에 돈이 듭니다.
** 경조사비: 결혼식이나 장례식 등에 내는 돈
*** 문화생활비: 영화를 보거나 여행을 가는 등 문화생활을 하는 데 드는 돈

[29-30] 다음 내용을 포함하여 '과학의 발전과 생활의 변화'라는 제목으로 100자 이내로 글을 쓰시오.

◆ 과학의 발전으로 우리에게 편리함을 준 제품은 무엇입니까?
◆ 그 제품이 우리의 생활에 어떤 변화를 가져왔습니까?

※ 작문 시험 시간은 10분이며, 답안지에는 제목을 쓰지 말고 본문만 쓰시오.

	과	학	의		발	전	으	로		우	리	에	게		편	리	함	을	
준		제	품	은		핸	드	폰	이	다	.	핸	드	폰	은		원	래	
전	화	를		하	는		물	건	이	지	만		요	즘	에	는		핸	드
폰	으	로		영	화	를		볼		뿐	만		아	니	라		쇼	핑	도
할		수		있	고		은	행		일	도		볼		수		있	다	.

※ 다음 그림을 보고 구술감독관의 질문에 답하여 주시기 바랍니다.

①    ②

③    ④

1. 그림은 어떤 장면입니까? 순서대로 말해 보십시오.

→ ① 결혼식을 하는 장면입니다. ② 신랑, 신부를 위해 친구가 노래를 불러 주는 장면입니다. ③ 신부는 다음에 결혼할 친구에게 꽃을 던집니다. ④ 신랑과 신부는 같이 케이크를 자릅니다.

2. 한국에서 결혼을 하기 전에 어떤 것을 준비해야 합니까?

→ 결혼할 시간과 장소를 정하고 친구들을 초대해야 합니다.
두 사람이 같이 살 집도 구하고 가구도 사야 합니다.

3. 한국 결혼식의 순서는 어떻게 됩니까?

→ 신랑과 신부가 결혼식장에 들어가고 사람들에게 인사를 합니다. 신랑이나 신부의 친구가 두 사람을 위해 노래를 해 줍니다. 신랑과 신부의 부모님께 인사를 하고 친구들과 사진을 찍습니다.

4. 결혼식이 끝나면 어떤 절차가 있습니까?

→ 결혼식에 초대 받은 사람들은 결혼식이 끝난 후에 맛있는 음식을 먹습니다. 그 때 신랑과 신부는 결혼식에 온 사람들에게 인사를 합니다.

5. 한국의 결혼식과 여러분 나라 결혼식의 공통점과 차이점은 무엇입니까?

→ 친구들과 가족들이 결혼식에 와서 신랑과 신부를 축하해 준다는 공통점이 있습니다. 그리고 우리 나라에서는 며칠 동안 결혼식을 하고 사람들과 즐거운 시간을 보냅니다. 하지만 한국에서는 하루만 결혼식을 하고 끝난다는 차이점이 있습니다.

제 3회 실전 모의고사 정답 및 해설

중간평가 객관식 필기시험					시험 시간: 50분	
1	2	3	4	5	6	7
①	③	③	③	①	③	④
8	9	10	11	12	13	14
③	①	①	④	④	④	③
15	16	17	18	19	20	21
③	①	②	②	④	③	①
22	23	24	25	26	27	28
④	③	③	③	②	②	④

[1-3] 다음 (   )에 가장 알맞은 것을 고르시오.

1. 나의 고향은 전통과 역사를 간직하고 있어서 도시 곳곳에 옛날 (   )이 많다.

① 건축물＊   ② 빌딩 숲 (빌딩이 많은 장소)

③ 조상 (이미 옛날에 돌아가신 가족)   ④ 화산섬 (화산 활동으로 만들어진 섬)

＊ 보통 역사적으로 중요하거나 예술적인 건물을 '건축물'이라고 불러요.
반면에 '건물'은 가게, 회사 등 일반적인 경우에 주로 사용하지요.

2. 이번 대회에서 1등을 하게 된 (   )에 대해 얘기해 주세요.

① 영주권 (외국인에게 주는 그 나라에서 살 수 있는 권리) ② 나날 (하루하루)

③ 비결＊   ④ 전도사 (다른 사람에게 전하는 사람)

＊ '비결'은 나만 알고 있는 좋은 방법이에요.

3. 내 룸메이트는 아주 (   ) 처음 만나는 사람과도 말을 잘한다.

① 소극적이어서 (조용하고 활동을 많이 안 하는 성격)

② 느긋해서 (서두르지 않고 천천히 하는 성격)

③ 활발해서[*] (이야기를 잘하고 활동적인 성격)

④ 내성적이어서 (마음을 겉으로 잘 표현하지 않는 성격)

> * 성격을 묻는 문제가 자주 나와요.
> 소극적이다, 느긋하다, 활발하다, 내성적이다 등의 성격 단어들을 잘 공부해 주세요.

[4-6] 다음 질문에 답하시오.

4. 다음 중 (   )에 들어갈 알맞은 말은?

> (   )가 내렸을 때는 체육 대회나 야유회 같은 야외 행사를 하지 말고 시원한 물을 많이 마시는 것이 좋다.

① 일교차 (하루 중 가장 더울 때와 추울 때의 온도 차이)

② 열대야 (여름밤에 25도 이상의 기온 때문에 잠도 자기 어려울 정도로 더운 밤)

③ 폭염 주의보[*]

④ 한파 경보 (추운 날씨에 조심하라고 주의를 주는 것)

> * '폭염'은 너무 덥다는 뜻이에요.
> 건강에 문제가 생길 정도로 날씨가 너무 더울 때 폭염 주의보가 내려요.

5. 다음 밑줄 친 부분과 의미가 비슷한 것은?

> 경제가 안 좋아지면서 직업을 구하지 못하는 사람들이 <u>많아졌다.</u>

① 증가했다[*]   ② 감소했다 (줄어들다)

③ 상승했다 (올라가다 예 물가가 상승했어요.)   ④ 하락했다 (내려가다)

> * '증가하다'와 '많아지다'는 같은 뜻이에요.
> 반댓말은 '감소하다'예요. '상승하다'의 반댓말은 '하락하다'예요.

6. 다음 밑줄 친 부분과 의미가 비슷한 것은?

> 면접을 할 때는 <u>깔끔한</u> 옷차림이 신뢰감을 줄 수 있다.

① 튀는 (다른 사람과 많이 달라서 눈에 잘 띄다) ② 자유분방한 (자유롭다)

③ 단정한[*]   ④ 진지한 (농담하지 않고 심각하다)

> * 머리 모양이나 옷차림이 깨끗하고 너무 튀지 않을 때 '단정하다'라고 말해요.
> 보통 회사나 학교 면접을 갈 때 단정한 옷차림을 해요.

[7-11] 다음 (   )에 가장 알맞은 것을 고르시오.

7.

> 가: 이번 방학에 해외여행을 갈 거예요?
> 나: 너무 바빠서 (   ) 국내 여행도 어려울 것 같아요.

① 해외여행밖에   ② 해외여행조차   ③ 해외여행치고   **④ 해외여행은커녕**[*]

> * 앞에 오는 일은 할 수 없고 더 쉬운 뒤에 오는 일도 할 수 없을 때 사용해요.
> 여기서는 국내 여행도 못 가니까 해외여행은 당연히 더 갈 수 없다는 뜻이에요.

8.

> 가: 라민 씨 생일 선물로 운동화를 주는 게 어때요?
> 나: 글쎄요. 라민 씨는 운동화가 많으니까 (   ) 가방을 선물하는 게
> 어떨까요?

① 운동화나   ② 운동화야말로   **③ 운동화 대신**[*]   ④ 운동화든지

> * 운동화가 아니라 다른 것을 선물하자고 말하는 상황이에요.
> 그래서 '대신'을 사용해야 돼요.

9.

> 가: 체육 대회를 해야 하는데 언제 하면 좋을까요?
>
> 나: 한파 경보가 내렸으니까 이번주는 운동을 하기 너무 (   ).
>   다음주에 기온이 영상으로 올라가면 하는 게 좋겠어요.

① 추울지도 몰라요*   ② 추운 줄 알았어요

③ 추운가 봐요   ④ 춥냐고 했어요

> * '-(으)ㄹ지도 모르다'는 아마 이런 상황이 생길 수도 있다는 의미로 써요.
> 여기서는 한파 경보 때문에 날씨가 추울 수도 있기 때문에 다음주에 운동을 하자고 말하고 있어요.

10.

> 가: 아까 아나이스 씨하고 무슨 이야기를 했어요?
>
> 나: 이 주변에 예쁜 산책로가 있는데 같이 (   ).

① 산책하자고 했어요*   ② 산책할 뻔했어요

③ 산책했잖아요   ④ 산책하는 척했어요

> * '-(으)ㄹ까요?', '-(으)ㅂ시다'를 간접화법으로 바꿀 때 '-자고'를 사용해요.
> 여기서는 아나이스 씨에게 "같이 할까요?"라고 말한 상황이에요.

11.

> 가: 민수 씨, 휴가를 재미있게 보냈어요?
>
> 나: 네. 제주도에 갔는데 자연 경관이 (   ).

① 아름다우냐고 했어요   ② 아름다울 수밖에 없었어요

③ 아름다울 거라고 했어요   **④ 얼마나 아름다웠는지 몰라요***

> * '얼마나 -는지 모르다'는 '정말, 아주, 매우'의 의미예요.
> 여기서는 제주도가 정말 아름다웠다는 것을 말하고 있어요.

[12-16] 다음 문장과 뜻이 같은 것을 고르시오.

12. 외국에서 생활하면 문화가 다르므로* 갈등을 겪을 때가 많다.

① 외국에서 생활하면 문화가 달라야 갈등을 겪을 때가 많다.

② 외국에서 생활하면 문화가 다를텐데 갈등을 겪을 때가 많다.

③ 외국에서 생활하면 문화가 다르더니 갈등을 겪을 때가 많다.

④ 외국에서 생활하면 문화가 다르기 때문에 갈등을 겪을 때가 많다.

> * '-(으)므로'는 '이유'를 나타내는 문법이에요.
> 그래서 이유를 나타내는 '-기 때문에'와 바꾸어 사용할 수 있어요.

13. 비밀번호를 입력해야* 인터넷에 접속할 수 있다.

① 비밀번호를 입력하는 대신 인터넷에 접속할 수 있다.

② 비밀번호를 입력하다가 인터넷에 접속할 수 있다.

③ 비밀번호를 입력하자마자 인터넷에 접속할 수 없다.

④ 비밀번호를 입력하지 않으면 인터넷에 접속할 수 없다.

> * '-아/어야'는 어떤 일을 하기 위해 필요한 조건을 말할 때 사용해요.
> 여기서는 인터넷에 접속하려면 비밀번호를 입력해야 한다는 의미예요.

14. 어린 아이치고* 과자를 안 좋아하는 아이는 없다.

① 어린 아이라면 과자를 안 좋아한다.

② 어린 아이가 안 좋아하는 과자가 있다.

③ 모든 어린 아이는 과자를 좋아한다.

④ 어떤 어린 아이는 과자를 안 좋아한다.

> * '치고'는 예외 없이 모두 이렇다는 뜻이에요.
> 어린 아이 중에 과자를 안 좋아하는 아이는 없다는 뜻이니까 모든 어린 아이는 과자를 좋아한다는 문장
> 과 같은 뜻이에요.

15. 몸이 안 좋으면 약을 먹든지* 집에서 쉬든지 하세요.

① 몸이 안 좋으면 약을 먹는 한 집에서 쉬세요.

② 몸이 안 좋으면 약을 먹자마자 집에서 쉬세요.

③ 몸이 안 좋으면 약을 <mark>먹거나</mark> 집에서 쉬세요.

④ 몸이 안 좋으면 약을 먹을 뿐만 아니라 집에서 쉬세요.

> * '-든지 -든지'는 이것을 하거나 저것을 하거나 두 개 중 한 개를 선택할 때 사용할 수 있어요.
> 약을 먹는 것이나 집에서 쉬는 것 중 하나를 하라는 상황이니까 '-거나'를 사용하면 돼요.

16. 우리집은 텔레비전 소리가 안 들릴 정도*로 소음이 심해요.

① 우리집은 소음이 심해서 텔레비전 소리가 <mark>안 들려요.</mark>

② 우리집은 소음이 심하지만 텔레비전 소리가 들려요.

③ 우리집은 텔레비전 소리 때문에 소음이 심해졌어요.

④ 우리집은 텔레비전 소리를 들을수록 소음이 심해요.

> * '-(으)ㄹ 정도로'는 뒤에 오는 상황의 정도를 설명할 때 사용해요.
> 소음이 심해서 텔레비전 소리가 안 들리는 상황임을 설명하고 있어요.

[17-18] 다음을 읽고 (　　　)에 알맞은 것을 고르시오.

17.

> 가: 후엔 씨, 얼굴이 안 좋아 보이는데 무슨 고민이 있어요?
>
> 나: 네, 제 성격 때문에 고민*이에요. 한국 회사에서 일한 지 한 달이 넘었는
> 데 (　　　) 아직 회사 사람들과 잘 못 어울려요.
>
> 가: 그래요? 그럼 회사 동아리에 들어가면 어떨까요? 같은 취미를 가진 사람
> 들과는 더 쉽게 친해질 거예요.
>
> 나: 좋은 생각이에요. 내일 회사에 가면 동아리를 찾아볼게요. 고마워요.

① 설레서 (마음이 기대감으로 가득 차다)　　**② 소극적이어서**

③ 너무 나서서　　　　　　　　　　　④ 유머 감각이 많아서

> * 성격 때문에 고민을 하고 있으니까 어떤 성격인지를 대화에서 찾아야 돼요. "회사 사람들과 잘 못 어울린
> 다"고 말한 것을 기억하세요. 회사 사람들과 못 어울리는 성격에 맞는 답을 찾으면 '소극적이다'예요.

18.

> 나는 스마트폰을 자주 사용한다. 외국어를 공부할 때 앱을 설치해 놓고 어휘를 외우면 쉽고 재미있게 공부할 수 있다. 그리고 심심할 때 집에서 스마트폰으로 영화를 감상할 수도 있다.
>
> 나는 여행을 가면 사진 찍는 것을 좋아하는데 카메라가 없어도 스마트폰*으로 예쁜 풍경을 (   )할 수 있어서 정말 편리하다.

① 중독 (어떤 일을 하지 않으면 안 되는 병 예 게임 중독, 쇼핑 중독 등)

② 촬영

③ 설치 (필요한 시설이나 물건을 준비하여 놓다 예 집에 인터넷을 설치했다.)

④ 접속 (인터넷 등과 연결하다)

> * 스마트폰으로 할 수 있는 일을 말하고 있어요. 그중에서 카메라 대신 스마트폰으로 할 수 있는 일을 설명해야 하니까 '사진을 찍다' 뜻의 '촬영'을 선택해야 돼요.

[19-20] 다음을 읽고 질문에 답하시오.

19. 이 글의 내용과 같은 것을 고르시오.

> 저는 호주에서 온 안젤라라고 합니다. 부산에서 1년 정도 살다가 얼마 전에 서울로 이사했습니다. 서울에서 제가 살고 있는 동네가 정말 마음에 듭니다. 저는 다른 사람과 이야기하는 것을 좋아하는데 새로 이사 온 동네 이웃들이 아주 친절해서 매일 이웃들과 한국어로 이야기할 수 있습니다. 그리고 집 근처에 산책로와 공원이 있어서 운동도 자주 합니다. 밤늦게 편의점에 갈 수 있을 정도로 안전해서 혼자 사는 친구들에게 제가 사는 동네를 추천하고 싶습니다.

① 이 사람은 한국에 온 후에 ~~서울에서만 살았다.~~ → 부산에서 1년 살았어요.

② 이 사람은 이웃 사람들과 친해진 지 ~~1년이 되었다.~~ → 얼마 전에 서울로 이사를 왔어요.

③ 이 사람은 밤에 ~~공원에서 산책하고 운동하는 것을 좋아한다.~~ → 밤에 편의점을 가요.

④ 이 사람은 혼자 사는 친구들에게 지금 사는 동네를 추천하고 싶다.

20. 이 글의 내용과 같은 것을 고르시오.

> 우리 나라의 여름*은 한국과 다르다. 한국은 여름에 덥고 습하지만 우리 나라는 건조하고 시원해서 한국의 봄 날씨와 비슷하다. 우리 나라는 여름에 공기가 맑고 미세 먼지가 심하지 않다. 그래서 야유회를 가서 아름다운 풍경을 보면서 산책을 하는 사람들이 많다. 처음에 한국에 왔을 때 최고 기온이 33도까지 올라가는 것을 보고 깜짝 놀랐다. 또 밤에 열대야 때문에 잠을 못 잘 때도 있어서 너무 힘들었다.

① 우리 나라의 봄은 덥고 습하다. → 한국의 여름은 덥고 습해요.

② 우리 나라는 봄에 미세 먼지가 심하다. → 한국의 봄에 대한 설명이에요. 이 글에서는 우리 나라의 여름만 말하고 있어요.

③ 우리 나라 사람들은 여름에 야유회를 자주 간다.

④ 우리 나라는 여름에 열대야가 있어서 잠을 잘 수 없다. → 한국의 여름에 대한 설명이에요.

---

* '계절'에 대한 주제예요. 계절을 공부할 때 배웠던 단어들을 잘 기억해 보세요.
특히 이 글에서는 '봄'과 '여름'에 대한 단어가 많이 있어요.
'덥다, 습하다, 건조하다, 시원하다, 미세먼지, 열대야' 등의 단어를 잘 기억하세요.

[21-22] 다음을 읽고 질문에 답하시오.

> 　최근 불황^{*}이 계속되면서 일자리가 감소하고 실업률이 증가하고 있다. 그리고 물가가 상승하고 개인 소비도 감소하고 있어 경제 상황에 대한 걱정의 목소리가 높다. 경제 전문가들은 취업률 증가와 물가 안정을 위해 정부의 노력이 중요하다고 말한다. 특히 청년들을 위한 일자리 지원 사업을 확대하는 것이 필요하다고 강조하고 있다. 일자리가 많아져서 실업 문제가 해결된다면 소비가 증가될 수 있으므로 지금보다 경제 상황이 좋아질 것이라는 전망이다.

21. 이 글의 내용과 같은 것을 고르시오.

① 최근 불황 때문에 실업률이 높아지고 있다.

② 사람들이 돈을 많이 안 쓰므로 경제 상황은 좋아질 것이다.

　→ 경제 상황이 안 좋아서 사람들이 돈을 안 쓰고 있어요.

③ 경제 문제를 해결하려면 경제 전문가들의 노력이 중요하다.

　→ 정부의 노력이 중요하다고 했어요.

④ 지금보다 일자리가 많아져도 경제 불황은 계속될 것이다.

　→ 일자리가 많아지면 경제 상황이 좋아질 거예요.

> ***** '경제'에 대한 주제예요. '경제'는 단어를 모르면 정말 이해하기 어려우니까 단어들을 잘 공부해 주세요. 이 글에는 '불황, 일자리 감소, 실업률 증가, 물가 상승, 개인 소비 감소, 취업률 증가, 물가 안정' 등의 단어가 나와요.

22. 이 글의 제목으로 알맞은 것을 고르시오.

① 실업률이 증가하는 이유

② 물가와 개인 소비의 관계

③ 청년을 위한 일자리 지원 방법

④ 경제 상황과 문제 해결 방법^{*}

> ***** 지금 경제 상황이 안 좋고 해결하려면 정부의 노력이 필요하다는 내용이니까 4번이 정답이에요.

[23-24] 다음을 읽고 질문에 답하시오.

23. 다음 글의 ㉠과 ㉡에 들어갈 단어를 순서대로 나열한 것은?

> 한국에는 많은 문화유산이 있다. 그 중에 성산 일출봉처럼 아름다운 (㉠)도 있고 판소리처럼 눈에 볼 수는 없지만 귀로 즐길 수 있는 (㉡)도 있다. 이런 문화 유산들은 세계적으로 그 역사적 가치를 인정받고 있다.

① 기록 유산 - 유물 　　　　② 정상 - 유적지

③ **자연 유산 - 무형 유산**[*] 　　④ 문화재 - 제사

[*] 문화 유산의 종류 중에서 '성산 일출봉'은 아름다운 경치가 있는 장소이므로 '자연 유산'이에요. 그리고 '판소리'는 눈에 안 보이는 예술이므로 '무형 유산'이지요. 이때 '무형'의 '무'는 없다는 뜻이에요. 즉 '무형'은 형태가 없어서 눈으로 볼 수 없다는 뜻이지요.

24. 경제 단어에 대한 설명이 맞지 않게 짝지어진 것은?

① 물가 - 전체적인 물건의 가격

② 환율 - 두 나라 돈의 교환 비율

③ **호황 - 경제 상황이 매우 안 좋음**[*]

④ 폭락 - 물건 가격 등이 크게 내려감

[*] 경제 단어 중에 '불황'과 '호황'을 함께 공부하세요. '호황'은 경제 상황이 좋을 때 '불황'은 경제 상황이 안 좋을 때 사용해요.

[25-26] 다음을 읽고 질문에 답하시오.

25. 한국의 문화에 대한 설명으로 틀린 것은?

① 창덕궁 - 조선 시대의 궁궐　　　② 불국사 - 신라 시대의 사찰

③ **세종 대왕 - 한글날을 만든 왕**[*]　　④ 아리랑 - 유명한 한국 민요

[*] '세종대왕'은 한국 사람들이 가장 사랑하고 좋아하는 왕이에요. 그래서 꼭 기억을 해 주세요. '세종대왕'은 나라를 위해 많은 좋은 일을 했지만 그중에 최고는 한국의 글자인 '한글'을 만든 거예요. '한글날'은 10월 9일로 한글을 기념하는 날이에요.

26. 다음 글에서 설명하고 있는 것은?*

> 봄에 특별한 병이 없는데도 피곤하거나 졸음이 오는 상태입니다. 이것이 생기는 이유는 겨울에서 봄으로 바뀌는 계절 변화에 몸이 적응하지 못했기 때문입니다.

① 소나기 (갑자기 내리는 비)

② 춘곤증

③ 체감 온도 (진짜 온도가 아니라 몸이 느끼는 온도)

④ 호우 경보 (큰 비가 올 거라고 미리 주의를 주는 것)

> * '계절'에 대한 단어들을 잘 공부해 주세요. 이 글에서 설명하는 것은 봄에 사람들이 자주 피곤하다고 느끼는 것으로 '춘곤증'이 답이에요. '소나기'와 '호우 경보'는 보통 여름을 설명할 때 자주 사용하고 '체감 온도'는 실제 온도와 상관없이 사람들이 몸으로 느끼는 온도라는 뜻으로 여름과 겨울을 설명할 때 자주 사용해요.

[27-28] 다음을 읽고 질문에 답하시오.

27. 한국 사람들의 집에 대한 생각으로 <u>틀린</u> 것은?

① 집의 위치와 방향이 그 집에 사는 사람의 행복을 결정한다고 믿었다.

② 집 뒤에 산이 있거나 물이 흐르면 집의 위치가 좋지 않다고 생각했다.*

③ 집의 방향이나 대문이 남쪽으로 향해 있으면 명당이라고 할 수 있다.

④ 최근에는 집 주면에 좋은 학교나 교통이 편리한 집이 인기가 많다.

> * 옛날부터 집의 위치를 중요하다고 생각했는데 집 뒤에 산이 있고 집 앞에 물이 흐르면 정말 좋은 위치라고 생각했어요.

28. 다음 (   ) 안에 공통적으로 들어갈 알맞은 말은?

> 스마트폰의 발명으로 우리의 생활은 과거에는 상상할 수 없을 정도로 편리해졌다. 그러나 이렇게 편리한 스마트폰 때문에 문제도 발생하고 있다. 스마트폰 (   )이 바로 그것이다. 스마트폰에 대한 의존도가 너무 높아서 잠시라도 스마트폰을 보지 않으면 불안해하는 사람들이 증가하고 있다. 그리고 (   ) 현상 때문에 잠자리에서도 스마트폰을 사용하다가 건강이 안 좋아지는 경우도 많다.

① 채널

② 유출 (비밀 등이 밖으로 알려지다 **예** 개인 정보 유출을 조심해야 한다.)

③ 개통 (핸드폰 등을 신청하여 만들다)

④ <u>중독</u>*

> * 스마트폰은 장점이 많지만 단점도 있지요. 대표적인 단점은 바로 스마트폰 없으면 살 수 없는 스마트폰 중독이에요.
> '중독'이라는 단어는 스마트폰 중독 외에도 '게임 중독', '알코올 중독', '쇼핑 중독', '일 중독' 등으로도 자주 사용해요.

[29-30] 다음 내용을 포함하여 '내가 살고 싶은 집'이라는 제목으로 100자 이내로 글을 쓰시오.

> ◆ 좋은 집의 조건은 무엇이라고 생각하는가?
> ◆ 그렇게 생각하는 이유는 무엇인가?

※ 작문 시험 시간은 10분이며, 답안지에는 제목을 쓰지 말고 본문만 쓰시오.

	나	는		소	음	이		없	는		조	용	한		집	이		좋	은
집	이	라	고		생	각	한	다	.		왜	냐	하	면		집	에		돌	아
오	면		잘		쉬	어	야		하	는	데		시	끄	러	운		소	리
가		들	린	다	면		제	대	로		쉴		수	도		없	고		자
는		데	에		방	해	가		되	기		때	문	이	다	.			

※ 다음 그림을 보고 구술감독관의 질문에 답하여 주시기 바랍니다.

1. 그림은 어떤 장면입니까?

   → 가족들이 마트에서 물건을 사다가 가격이 너무 비싸서 깜짝 놀라는 장면입니다.

2. 생활에서 물가 변화가 크다고 느낀 품목은 무엇입니까?

   → 물가가 많이 올랐는데 특히 고기나 채소, 계란처럼 요리할 때 사용하는 재료 가격이 많이 올랐다고 생각합니다.

3. 최근에 경험하거나 뉴스에서 본 경제 문제는 무엇입니까?

   → 자동차 기름 값이 많이 올라서 사람들이 힘들다고 말하는 뉴스를 봤습니다.

4. 경제 문제 중에 어떤 것이 빨리 해결되었으면 좋겠다고 생각합니까?

   → 매일 음식을 먹지 않고는 살 수 없으니까 무엇보다 음식 가격이 내렸으면 좋겠습니다.

5. 어떤 경제 뉴스를 듣는다면 기분이 좋을 것 같습니까?

   → 작년보다 음식 가격이 많이 싸져서 마트에서 물건을 살 때 같은 돈으로 더 많은 물건을 살 수 있다는 뉴스를 듣는다면 기분이 좋은 것 같습니다.

제 4회 실전 모의고사 정답 및 해설

중간평가 객관식 필기시험　　시험 시간: 50분

1	2	3	4	5	6	7
③	④	①	③	①	②	③
8	**9**	**10**	**11**	**12**	**13**	**14**
①	②	④	①	②	①	④
15	**16**	**17**	**18**	**19**	**20**	**21**
①	③	④	①	①	④	①
22	**23**	**24**	**25**	**26**	**27**	**28**
②	①	③	④	④	①	②

[1-3] 다음 (　　)에 가장 알맞은 것을 고르시오.

1.　최근에 아이를 낳으려는 사람이 감소하면서 (　　) 문제가 심각해지고 있다.

　　① 임금 체불 (월급을 못 받는 것)

　　② 다문화 가정 (다른 국적의 사람들이 결혼해서 만들어진 가정)

　　③ 저출산*

　　④ 국제 분쟁 (나라 사이의 문제와 갈등)

> ***** 문제에서 아이를 낳으려는 사람이 감소하고 있다고 했어요.
> '저출산'은 아이를 낳는 사람이 적다는 뜻이므로 저출산이 답이에요.

2. 건강이 안 좋아져서 다음주에 (   )을/를 받으러 가기로 했어요.

① 구직 상담 (직업을 찾기 위해 상담하는 것)

② 육아 정보 (아이를 키우는 정보)

③ 산업 재해 (회사나 공장 등에서 일하다 다치는 것

④ 건강 검진[*]

> *   건강이 안 좋을 때 해야 하는 일을 찾아야 해요.
>   '건강 검진'은 특별히 아픈 곳이 없어도 1년~2년에 한 번 병원에 가서 내 건강을 확인해 보는 거예요.

3. 원하는 회사에 지원하려면 이력서 등 여러 가지 서류를 (   ) 합니다.

① 제출해야[*]

② 맡겨야 (다른 사람에게 일의 책임을 부탁하다)

③ 상의해야 (고민이나 문제에 대해 의논하다)

④ 차려야 (음식 등을 먹을 수 있게 준비해서 놓다)

> *   회사에 지원할 때 많은 서류를 내야 하니까 '내다'의 의미를 가진 '제출하다'가 답이에요.
>   '제출하다'는 '서류, 신청서, 숙제' 등을 낼 때 사용해요.

[4-6] 다음 질문에 답하시오.

4. 다음 중 (   )에 들어갈 알맞은 말은?

> 곧 추석이라 회사에서 명절 (   )을/를 받아서 기분이 좋다.

① 시급 (시간 당 받는 돈)   ② 연봉 (1년에 받는 돈)

③ 보너스[*]   ④ 재고 (팔리지 않고 남은 물건)

> *   회사에서 뭘 받으면 기분이 좋을까요? 월급이나 보너스겠지요. 그런데 이 문제에서는 추석에 회사에서 주
>   는 돈이므로 명절 같은 특별한 날이나 연말인 12월에 주로 주는 '보너스'가 답이에요.

5. 다음 밑줄 친 부분과 의미가 비슷한 것은?

> 국제 교류가 활발해지면서 무엇보다 <u>외국어를 잘하는</u> 사람이 필요한 시대가 되었다.

① 외국어에 능통한[*]　　② 외국어를 추진하는

③ 외국어에 낯선　　④ 외국어를 배우는

* '능통하다'는 잘한다는 뜻이에요.

6. 다음 밑줄 친 부분과 의미가 비슷한 것은?

> 고령화 문제 때문에 일손이 부족해질까 봐 <u>걱정하는</u> 사람들이 늘고 있다.

① 기여하는(도움을 주다)　　**② 우려하는**[*]

③ 체류하는(한 장소에 머물다)　　④ 지원하는(도와주다)

* '우려하다'는 '걱정하다'의 한자어예요. 뜻은 같지만 한자를 사용한 단어들이 많이 있어요.

[7-11] 다음 (　　)에 가장 알맞은 것을 고르시오.

7.

> 가: 왜 해외 봉사 단체에 지원했습니까?
> 나: 세계 여러 나라의 힘든 사람들을 (　　　　) 지원했습니다.

① 돕다시피　　② 돕고 해서　　**③ 돕기 위해서**[*]　　④ 돕느라고

* '-기 위해서'는 어떤 일을 하는 이유나 목적을 나타내요.
해외 봉사 단체에 지원한 이유는 힘든 사람들을 돕는 거예요.

8.

가: 왜 창문을 (　　　　)?

나: 요리를 했더니 냄새가 나서 환기를 시키려고요.

① **열어 놓았어요**[*] ② 열면 됐어요 ③ 열만 했어요 ④ 여는 척했어요

> [*] '-아/어 놓다'는 어떤 일의 결과가 지속되는 상태를 나타내요.
> '-아/어 두다'와 바꾸어 사용할 수 있어요.
> 여기서는 아까 창문을 열었고 지금까지 창문이 계속 열려 있는 상황이에요.

9.

가: 요즘도 문화 체육 센터에서 요리를 배워요?

나: 아니요, 요리를 (　　　　) 너무 어려워서 수영 수업으로 바꿨어요.

① 배우든지 ② **배우다가**[*] ③ 배워야 ④ 배우도록

> [*] '-다가'는 어떤 일을 했지만 끝내지 않고 다른 일을 할 때 사용해요.
> 여기서는 요리를 배웠는데 끝까지 계속 배우지 않고 수영을 배우기 시작한 상황이에요.

10.

가: 한국에 온 지 얼마나 되었어요?

나: 작년에 왔으니까 벌써 1년이 (　　　　).

① 되곤 해요 ② 되어 있어요 ③ 되는 줄 알아요 ④ **되어 가요**[*]

> [*] '아/어 가다'는 어떤 일을 한 상태가 오랫동안 유지되고 있을 때 사용해요.
> 여기서는 한국에 왔는데 조금 있으면 1년이 될 거라는 뜻이에요.

11.

가: 제주도 여행이 어땠어요?

나: 여행을 다녀온 후에 계속 (　　　　) 재미있었어요.

① **생각날 정도로**[*]　　　　② 생각나 가지고

③ 생각난 나머지　　　　④ 생각나기는커녕

> [*] '-(으)ㄹ 정도로'는 뒤에 오는 상황의 정도를 설명할 때 사용해요.
> 여기서는 여행이 정말 재미있어서 지금도 계속 생각나는 상황임을 설명하고 있어요.

[12-16] 다음 문장과 뜻이 같은 것을 고르시오.

12. 비밀을 말하지 않으려고 했는데 말하고 말았어요.*

  ① 비밀이 있으면 아무리 말을 안 해도 알게 돼요.

  ② 비밀을 말 안 하려고 했지만 말을 해 버렸어요.

  ③ 비밀을 말하지 않으려고 했으면 말하면 안 되지요.

  ④ 비밀을 말하지 않으면 더 이상 말을 할 수 없어요.

  * '-고 말다'는 안 하고 싶었지만 원하지 않는 결과가 생겼을 때 사용해요.
    말을 안 하고 싶었지만 말을 하게 된 상황이에요.

13. 너무 놀란 나머지* 크게 소리를 질렀어요.

  ① 많이 놀라서 큰 소리를 질렀어요.

  ② 크게 소리를 질러서 너무 놀랐어요.

  ③ 큰 소리에 얼마나 놀랐는지 몰라요.

  ④ 너무 놀라서 소리를 지를 수 없었어요.

  * '-(으)ㄴ 나머지'는 어떤 이유 때문에 뒤에 오는 상황이 생겼음을 나타낼 때 사용해요.
    크게 소리를 질렀는데 그 이유는 너무 놀랐기 때문이에요.

14. 열심히 노력했기 때문에 이길 수밖에 없다.*

  ① 열심히 노력했는데 이길 수 없었다.

  ② 열심히 노력해서 이기도록 해야 한다.

  ③ 열심히 노력했기 때문에 이길 지도 모른다.

  ④ 열심히 노력했으니까 이기는 것이 당연하다.

  * '-(으)ㄹ 수밖에 없다'는 다른 상황은 생길 수가 없다는 것을 강조할 때 사용해요.
    열심히 노력을 해서 이기는 것 외의 다른 결과는 없을 거라고 말하고 있어요.

15. 제주도야말로* 한국에서 가장 아름다운 관광지다.

① 한국에서 제주도가 가장 아름다운 관광지다.

② 제주도도 한국에서 가장 아름다운 관광지다.

③ 한국에서는 제주도밖에 아름다운 관광지가 없다.

④ 제주도조차 한국에서 가장 아름다운 관광지가 아니다.

> *   '(이)야말로'는 이것이 최고라는 것을 강조할 때 사용해요. 그래서 보통 '가장, 제일, 최고의' 같은 단어와 자주 같이 사용해요.
> 여기서는 한국에서 가장 아름다운 관광지는 제주도라는 것을 강조하고 있어요.

16. 계속 웃는 걸 보니 좋은 일이 있나 봐요.*

① 좋은 일을 보고 웃을 수 있어서 좋아요.

② 좋은 일이 있어도 계속 웃을 수는 없어요.

③ 계속 웃는 걸 보면 좋은 일이 있는 것 같아요.

④ 계속 웃는 걸 볼 수 있게 좋은 일이 있으면 좋겠어요.

> *   '-나 보다'는 아마 그럴 것이라고 추측할 때 사용해요.
> 형용사(A), 동사(V), 명사(N)일 때 문법이 조금씩 달라지니까 조심하세요.
> A-(으)ㄴ가 보다
> V-는가 보다
> N인가 보다
> 여기서는 계속 웃고 있는 것을 보고 아무 좋은 일이 있는 것 같다고 추측하고 있어요.

[17-18] 다음을 읽고 ( )에 알맞은 것을 고르시오.

17.

> 가: 모두 얼마지요?
>
> 나: 네, 모두 96,000원입니다. 그런데 손님, 지금 특별 행사 기간이어서 10만 원 이상 구매하신 손님들께는 화장지*를 ( )(으)로 드리고 있습니다.
>
> 가: 그래요? 그럼 물건을 조금 더 사야겠네요. 이것도 같이 계산해 주세요.
>
> 나: 네, 잠시만 기다려 주세요.

① 세일

② 소비자 (돈을 쓰는 사람, 물건을 사는 사람)

③ 영수증 (물건을 살 때 받는 종이)

④ **증정품**

> * 화장지를 돈을 내고 사지 않았어요. 쇼핑을 많이 해서 선물로 받았지요. 이렇게 손님에게 선물처럼 주는 물건을 '증정품'이라고 해요.

18.

> 최근 물건을 사용하다가 필요가 없어지면 다른 사람에게 판매하는 앱이 인기를 끌고 있다. 새 상품이 아니라 쓰던* ( ) 상품이라서 처음 샀을 때에 비해서는 싼 값에 팔아야 하지만, 사용하지도 않고 그냥 집에 두는 것보다는 훨씬 이익이다. 이 앱은 자기가 살고 있는 동네에 있는 사람들과 연락을 할 수 있도록 해 주기 때문에 물건을 팔기 위해 멀리 가지 않아도 된다는 장점이 있다.

① **중고**

② 쿠폰

③ 공구 (공동 구매의 줄임말, 공동 구매: 여러 사람이 모여서 같은 물건을 싸게 사는 것)

④ 영상 (영화나 카메라 등으로 찍은 동영상)

> * 새 상품이 아니라는 것을 기억하세요. 다른 사람이 쓰던 물건은 '중고'라고 해요. 최근에 이런 중고 물건을 사고 파는 앱이 인기가 많아요.

[19-20] 다음을 읽고 질문에 답하시오.

19. 이 글의 내용과 같은 것을 고르시오.

> 　한국어를 사용할 때는 높임말*을 잘 사용하는 것이 중요하다. 그런데 자기보다 나이가 많은 사람이라고 해서 모두에게 똑같은 높임말을 사용하는 것은 좋지 않다. 예를 들어, 할아버지께 사용해야 할 말과 나이 차이가 얼마 안 나는 선배에게 쓰는 말은 다르다. 할아버지께는 "진지 드셨어요?"라는 말이 어울리지만 선배에게는 "식사 하셨어요?"정도의 표현이 어울린다. 또한, 처음 보는 사람이라면 자기보다 나이가 어리다고 해서 바로 반말을 하면 안 된다. 나이와 상관없이 처음 보는 사람에게는 높임말을 하는 언어 예절을 지켜야 한다.

① **처음 보는 사이에는 높임말을 하는 것이 좋다.**

② **나이가 어린 사람에게는 언제나 반말을 해야 한다.** → 처음 만나는 사람에게는 높임말을 써야 해요.

③ **나이가 많은 사람들에게 사용하는 높임말은 거의 비슷하다.** → 할아버지와 선배에게 사용하는 높임말은 달라요.

④ **나이가 많더라도 가족에게는 높임말을 잘 사용하지 않는다.*** → 이런 내용은 글에 안 나와요.

---

* 한국어의 특징 중 하나는 '높임말'이 있다는 거예요. 여러 가지 높임말을 잘 공부해 보세요.
밥=진지 생일=생신 먹다=드시다 자다=주무시다

20. 이 글의 내용과 같은 것을 고르시오.

> 인터넷 쇼핑*으로 옷을 사면 생각했던 것과 다른 물건이 배달될 때가 있다. 그래서 인터넷으로 옷을 살 때는 여러 가지 정보를 확인해야 한다. 사이즈와 색깔 등 기본적인 것도 꼼꼼하게 봐야 하지만, 교환과 환불에 대한 규칙을 잘 읽어봐야 한다. 어떤 인터넷 사이트는 교환이나 환불을 전혀 안 해 주는 곳도 있기 때문이다. 해 준다고 해도 환불을 위한 택배비가 옷을 사는 비용보다 더 많이 들 수도 있고 환불을 신청하는 과정이 복잡할 수도 있다. 그래서 인터넷에서 옷을 고르고 사기 전에 자신이 정말로 원하는 것이 맞는지를 다시 확인하고 결제를 해야 한다.

① 인터넷으로 옷을 ~~사지 말아야 한다.~~ → 인터넷으로 사도 되지만 미리 정보를 잘 확인해 봐야 해요.

② 인터넷 쇼핑은 ~~교환이나 환불이 안 된다.~~ → 교환이나 환불을 해 주는 사이트도 있고 안 해 주는 사이트도 있어요.

③ 인터넷 쇼핑에서는 ~~결제하는 방법이 복잡하다.~~ → 환불을 신청하는 과정이 복잡해요.

④ 인터넷 쇼핑을 할 때 정보를 자세히 확인해야 한다.

> * '쇼핑'에 대한 주제예요.
> 자주 사용하는 단어들을 공부해 보세요.
> 이 글에서는 '배달, 교환, 환불, 택배, 결제' 등의 단어가 나왔어요.

[21-22] 다음을 읽고 질문에 답하시오.

이렇게 저출산 문제가 심각해지면서 정부는 출산율*을 높이기 위한 여러 정책들을 실시하고 있다. 그러나 여전히 출산율이 높아지지 않아 문제가 되고 있다. 그렇다면 정부가 노력해도 사람들이 아이를 낳지 않는 이유가 무엇일까? 먼저, 아이를 기르는 데에 경제적으로 너무 많은 돈이 들기 때문이다. 한 조사 결과에 따르면 보통 가족 생활비의 60% 이상이 아이 교육을 위해 사용된다고 한다. 정부에서 아이 연령에 맞는 양육 수당을 주고 있지만 실제로 사용하는 교육비에 비해 너무 적은 금액이다. 이런 경제적 부담 때문에 아이를 낳는 것을 피하는 사람들이 많아지는 것이다. 다음으로, 아이를 낳은 후 정상적인 회사 생활이 어렵다고 느끼는 부부가 많기 때문이다. 육아 휴직이나 육아를 위한 단축 근무 제도가 잘 지켜지지 않는 회사가 많다.

21. 이 글의 내용과 같은 것을 고르시오.

①<u> **정부에서 아이를 낳으면 양육 수당을 주고 있다.**</u>

② 저출산 해결을 위한 정부의 정책이 효과가 있다.

　　→ 정부에서 주는 양육 수당이 적기 때문에 효과가 없어요.

③ 육아 휴직 제도를 가지고 있는 회사가 별로 없다.

　　→ 육아 휴직 제도는 있지만 잘 안 지키는 회사가 많아요.

④ 60% 이상의 가족이 정상적인 회사 생활을 못하고 있다.

　　→ 생활비의 60%를 아이 교육에 사용하고 있어요.

* '저출산'에 대한 글이에요.
　최근 많은 나라에서 저출산이 문제가 되고 있어요. 저출산과 관련된 단어들을 공부해 보세요.
　이 글에서는 '출산율을 높이다, 양육 수당, 경제적 부담, 육아 휴직, 단축 근무 제도' 등의 단어를 사용했어요.

22. 이 글의 제목*으로 알맞은 것을 고르시오.

① 저출산 상황　　　　　　　**② 저출산의 원인**

③ 저출산 해결 방법　　　　　④ 저출산의 영향

> * 정부의 정책이 효과가 없거나 경제적인 부담 또는 정상적인 회사 생활이 어렵기 때문에 사람들이 아이를 안 낳으려고 한다고 설명했어요. 그러므로 '저출산의 원인'이 이 글의 제목으로 가장 알맞아요.

[23-24] 다음을 읽고 질문에 답하시오.

23. 다음 글의 ㉠과 ㉡에 들어갈 단어를 순서대로 나열한 것은?

> 사회가 변함에 따라 언어가 변하기도 한다. (㉠)은/는 새롭게 생긴 말을 의미하며, (㉡)은/는 어느 한 시기에 많은 사람들이 자주 쓰는 말이다.

① 신조어 - 유행어　　　　② 사투리* - 표준어**

③ 모국어*** - 속담　　　　　④ 의사소통**** - 세대 차이*****

> 여러 종류의 언어를 나타내는 단어들을 공부해 보세요.
> * '사투리'는 특별한 지역에서 사용하는 언어예요.
> 　예 부산 사투리, 제주도 사투리 등
> ** '표준어'는 한 나라의 언어를 대표하는 말로 보통 서울처럼 수도에서 사용하는 말이에요.
> *** '모국어'는 자기 나라 말을 의미해요. '속담'은 '누워서 떡 먹기'처럼 옛날부터 사용하는 표현이에요.
> **** '의사소통'은 다른 사람과 대화를 잘 할 수 있는 상황을 말해요.
> ***** '세대 차이'는 나이 차이가 많이 나서 서로 생각이나 문화가 다른 상황을 나타내요.

24. 현대의 다양한 가족 형태와 특징에 대한 내용이 맞지 <u>않게</u> 짝지어진 것은?

① 1인 가구 - 가족 구성원이 1명이다.

② 한 부모 가족 - 엄마와 아빠 중에 한 명만 있다.

③ 핵가족[*] - 할머니 할아버지와 함께 사는 가족이다.

④ 다문화 가족 - 국제결혼을 해서 이루어진 가족이다.

> 다양한 가족 형태를 나타내는 단어를 공부해 보세요.
> * '핵가족'은 부모와 결혼 안 한 자녀가 같이 사는 가족이에요.
>   반대되는 단어로 할머니, 할아버지, 삼촌, 사촌 등이 같이 모여 사는 '대가족'이 있어요.

[25-26] 다음을 읽고 질문에 답하시오.

25. 한국의 장례식 문화[*]에 대한 설명으로 <u>틀린</u> 것은?

① 상주는 까만색 상복을 입고 조문객을 맞는다.

② 상주는 고인의 영정 사진과 방명록을 준비한다.

③ 조문객들은 유족을 위로하기 위하여 조의금을 준비한다.

④ 조문객들은 빈소에서 식사를 한 후 유족에게 인사한다. → 돌아가신 분을 모시는

빈소에서 먼저 인사를 하고 나서 식사하는 장소로 가서 식사를 해요.

> * 나라마다 사람이 죽었을 때 하는 '장례식' 문화가 달라요.
>   한국 장례식 문화를 알아 두면 실수하거나 당황할 일이 없어서 좋아요.

26. 다음 글에서 설명하고 있는 시장 후보자의 자질은?

> 이것은 다른 사람이 말하고자 하는 뜻을 정확하게 파악하고 자신의 생각을
> 잘 전달하여 다양한 문제에 대해서 시민들과 의논할 수 있는 능력입니다.

① 판단력 (맞고 틀린 것을 판단하는 힘)   ② 행정 경험

③ 추진력 (계획을 실제로 실천하는 힘)   **④ 소통 능력**

[27-28] 다음을 읽고 질문에 답하시오.

27. 한국의 중요한 행사와 관련된 설명으로 틀린 것은?

① 고희연* - 여든 번째 생일을 축하하고 장수를 기원함

② 회갑연 - 예순 번째 생일을 축하하고 여행을 가기도 함

③ 백일 잔치 - 아기가 태어나서 백일동안 건강하게 자란 것을 축하함

④ 돌 잔치 - 아기의 첫 번째 생일로 가족과 친척들이 모여서 축하하고 돌잡이를 함

> * '고희'는 70살이에요.
> '고희연'은 70살이 된 것을 기념하여 하는 생일 파티를 의미해요.

28. 다음 (   ) 안에 공통적으로 들어갈 알맞은 말은?

> 최근 지구의 환경이 심각하게 오염되면서 기온이 상승하는 (   ) 현상이 발생하고 있다. 세계 곳곳에서 폭우와 폭설이 내리는가 하면 여름에 50℃ 이상으로 올라가거나 겨울에 영하 30℃까지 내려가는 지역도 있다. 이러한 (   ) 문제를 해결하기 위해서는 석유와 석탄 대신 바람이나 바다에서 나오는 대체에너지를 이용하고 쓰레기를 줄이려는 개개인의 노력이 필요할 것이다.

① 친환경 세제 (환경에 좋은 세제)

② 지구온난화*

③ 대기 오염 발생 (공기가 더러워지는 것)

④ 쓰레기 종량제 (쓰레기 봉투를 돈을 내고 사서 쓰레기를 버리는 제도)

> '환경'에 대한 주제는 자주 나오는 주제니까 관련 단어들을 잘 공부해 보세요.
> '환경 오염, 대기 오염 기온 상승, 지구 온난화, 이상 기온, 대체에너지, 친환경 세제' 등의 단어를 기억하세요.
> * 환경 오염 때문에 지구가 따뜻해지고 있는 것을 '지구 온난화'라고 해요.

[29-30] 다음 내용을 포함하여 '내가 좋아하는 한국 음식'이라는 제목으로 100자 이내로 글을 쓰시오.

> ◆ 선호하는 한국 요리는 무엇입니까?
> ◆ 그 음식의 특징은 무엇입니까?

※ 작문 시험 시간은 10분이며, 답안지에는 제목을 쓰지 말고 본문만 쓰시오.

	내	가		좋	아	하	는		한	국		요	리	는		떡	볶	이	다	.
떡	볶	이	는		떡	과		야	채	와		고	추	장	을		넣	어	서	
만	든		음	식	인	데		매	운		맛	도		있	고		단		맛	
도		있	어	서		매	운		음	식	을		못		먹	는		외	국	
인	도		잘		먹	을		수		있	는		음	식	이	다	.			

※ 다음 그림을 보고 구술감독관의 질문에 답하여 주시기 바랍니다.

1. 그림은 어떤 장면입니까?

→ 부동산에 가서 살 집을 구하는 장면입니다.

2. 지금 살고 있는 집은 어떻게 구했습니까?

→ 마음에 드는 동네를 먼저 고른 후에 그 동네에 있는 부동산에 가서 물어봤습니다.

3. ○○씨가 집을 구할 때 가장 중요하게 생각하는 것은 무엇입니까?

→ 저는 집은 쉬는 곳이라고 생각해서 조용하고 안전한 것이 중요하다고 생각합니다.

4. 집 계약을 할 때 구하는 사람이 조심해야 할 것들에는 무엇이 있습니까?

→ 관리비가 비싼지 안 비싼지를 꼭 확인해야 합니다. 관리비는 매달 내야 하는데 관리비가 비싸
다면 생활이 힘들어질 수도 있기 때문입니다.

5. 지금 살고 있는 집이 가진 장점과 단점은 무엇입니까?

→ 제가 지금 살고 있는 집은 층간 소음도 별로 없고 주변이 조용해서 편하게 쉴 수 있다는 장점
이 있습니다. 하지만 근처에 가게나 마트가 많지 않아서 물건을 사려면 조금 멀리 가야 한다는
단점도 있습니다

제 5회 실전 모의고사 정답 및 해설

중간평가 객관식 필기시험 시험 시간: 50분

1	2	3	4	5	6	7
②	③	①	①	④	①	④
8	9	10	11	12	13	14
③	②	③	①	①	③	①
15	16	17	18	19	20	21
④	④	③	①	②	③	③
22	23	24	25	26	27	28
①	②	①	④	③	②	④

[1-3] 다음 (   )에 가장 알맞은 것을 고르시오.

1. (   )은 오래 보관하기 위해 얼리는 것이지만 너무 오래 보관하면 좋지 않다.

① 신선 식품 (채소, 과일, 생선처럼 신선한 상태로 유통되는 식품)

② 냉동 식품[*]

③ 세일 상품 (원래 가격보다 싸게 파는 상품)

④ 증정 상품 (돈을 주고 사는 것이 아니라 축하, 감사 등의 이유로 주는 식품)

> * 냉동 식품: 오래 보관하기 위해서 얼린 식품

2. (　　　) 모두가 걱정하던 일이 원만하게 해결되었다.

① 꼼꼼히 (하나하나 자세하게 살펴보는 모양. 예 이 자료를 꼼꼼히 확인해 주세요.)

② 어쩌면 (확실하지 않지만 아마 예 어쩌면 그 사람이 합격할 지도 모른다.)

③ 다행히*

④ 하마터면 (잘못하면 좋지 않은 결과가 나올 뻔했는데 안 나와서 다행이다. 예 하마터면 지각할 뻔했다.)

* 다행히: 생각보다 일이 잘되어 운이 좋았을 때 말해요.

3. 시장 후보자는 (　　　) 문화 시설을 늘리기 위해서 공연장을 짓겠다고 했다.

① 부족한*

② 딱딱한 (단단하다. 예 호두가 딱딱하다.)

③ 풍부한 (많다. 예 그는 경험이 풍부하다.)

④ 강력한 (강하다. 예 약의 효과가 강력하다.)

* 충분하지 않다.

[4-6] 다음 질문에 답하시오.

4. 다음 중 (　　)에 들어갈 알맞은 말은?

> 국민이 힘을 가지고 있는 (　　　)인 사회에서는 누구나 자신의 의견을 자유롭게 말할 수 있다.

① 민주적*

② 일시적 (짧은 한 때 예 일시적 감정으로 일을 하면 안 된다.)

③ 정치적(예 그 나라는 정치적으로 불안정하다.)

④ 협상적 (어떤 결정을 하기 위해서 서로 의논하는 것 예 이 일은 협상적으로 해결해야 한다.)

* 한국은 민주주의 국가입니다. 민주주의는 국민이 힘을 가지고 국민 스스로가 힘을 행사하는 제도입니다.

5. 다음 밑줄 친 부분과 의미가 비슷한 것은?

> 집에 소포를 <u>받을</u> 사람이 없을 때는 무인 편의점을 이용하면 편하고 안전하다.

① 검색할 (어떤 것을 찾기 위해서 조사하다. 예 자료를 검색하다.)

② 차지할 (어떤 것을 가지다. 예 우승을 차지하다.)

③ 체험할 (직접 경험하다 예 아이들은 직접 체험할 수 있는 프로그램을 선호한다.)

④ <u>수령할</u>***

> *   돈이나 물건을 받다

6. 다음 밑줄 친 부분과 의미가 비슷한 것은?

> 이번 국회위원 선거에서는 국민을 위해 훌륭한 정책을 준비한 후보에게 <u>힘을 주기로</u> 했다.

① <u>지지하기로</u>***

② 존경하기로 (다른 사람이 훌륭하다고 생각하는 마음 예 저는 아버지를 존경해요.)

③ 선호하기로 (특별히 좋아하는 것 예 젊은 사람들은 아파트를 선호한다.)

④ 지정하기로 (확실하게 정하다. 예 선거일을 공휴일로 지정했다.)

> *   어떤 사람이나 단체의 의견에 찬성하여 힘을 주는 것

[7-11] 다음 (   )에 가장 알맞은 것을 고르시오.

7.

> 가: 그 직원이 너무 빨리 말해서 무슨 말인지 전혀 모르겠어요.
>
> 나: 그런데 왜 아까는 (   )? 이해가 안 갈 때는 바로 물어보는 게 좋은 것 같아요.

① 알만 했어요   ② 알게 했어요   ③ 알곤 했어요   **④ <u>아는 척했어요</u>***

> *   사실은 그렇지 않지만 그런 것처럼 말하거나 행동할 때 사용해요.
>   여기서는 잘 모르면서 아는 것처럼 행동했어요.

8.

가: 고천 씨, 이번에 팀장으로 승진했다면서요?

나: 네. 그런데 위로 (　　　　) 책임감을 더 많이 느끼게 되는 것 같아요.

① 올라가도록　　② 올라갈 텐데　　**③ 올라갈수록**[*]　　④ 올라가는 데다가

> * 앞의 내용의 정도가 달라짐에 따라 뒤의 내용이 더하거나 덜할 때 사용해요.

9.

가: 변기가 막혔는데 어떻게 해야 할까요?

나: 변기 뚫는 세제를 붓거나 펌프질을 (　　　　).

① 하곤 해요　　**② 하면 돼요**[*]　　③ 하게 돼요　　④ 하고 말아요

> * 어떤 행동을 하거나 상태만 되면 문제가 없다고 말할 때 사용해요.

10.

가: 눈이 와서 그런지 굉장히 미끄럽네요.

나: 네, 안 그래도 아까 (　　　　). 제이슨 씨도 조심하세요.

① 넘어지는 법이에요　　　　② 넘어진다고 해요

③ 넘어질 뻔했어요[*]　　　　④ 넘어지곤 해요

> * 어떤 일이 진짜 일어나지는 않았지만 조금만 잘못했으면 그 일이 일어날 수도 있었다고 말할 때 사용해요.

11.

가: 오늘 야외 행사에서 사회를 본다고 했잖아요. 잘 봤어요?

나: 말도 마세요. (　　　　) 무슨 말을 했는지도 모르겠어요.

① 긴장한 나머지[*]　　　　② 긴장하는 한

③ 긴장하다시피　　　　　　④ 긴장하는 데다가

> * 앞 문장의 일을 한 정도가 너무 지나쳐서 생각하지 않은 일이 일어났다고 말할 때 사용해요.

[12-16] 다음 문장과 뜻이 같은 것을 고르시오.

12. 그 사람이 노래하는 모습을 보고[*] 좋아하게 되었어요.

① 그 사람이 노래하는 것을 본 후 좋아졌어요.

② 그 사람이 노래를 해도 좋을 수밖에 없어요.

③ 그 사람이 노래하는 모습은 좋아하기 힘들어요.

④ 그 사람이 노래를 한다고 해서 좋아하는 건 아니에요.

> * 노래하는 모습을 봤어요. 그리고 그 후에 좋아하게 되었어요.
> 여기서는 시간을 나타내는 '-(은)ㄴ 후' 문법으로 바꾸어 쓸 수 있어요.

13. 아직은 참을 만하지만[*] 앞으로가 걱정이에요.

① 지금까지 참을 것처럼 앞으로도 잘 참을 수 있어요.

② 지금까지 잘 참았지만 더 이상 참을 수가 없었어요.

③ 지금까지는 참을 수 있었지만 앞으로는 참을 수 없을 것 같아요.

④ 지금까지도 참기 어려웠는데 앞으로는 더 참기 어려울 거예요.

> * '-(으)ㄹ 만하다'는 아직 앞의 행동을 할 수 있다는 뜻이에요. 그래서 지금까지는 참을 수 있다는 의미인
> 3번이 답입니다.

14. 동생이 화가 나가지고[*] 문을 세게 닫고 나갔어요.

① 동생이 화가 나서 문을 강하게 닫고 나갔어요.

② 동생이 화가 날까 봐 문을 먼저 닫고 나갔어요.

③ 동생이 화가 난 덕분에 문을 잘 닫고 나갔어요.

④ 동생이 화가 났지만 문을 조심히 닫고 나갔어요.

> * 이유를 나타내는 표현이에요. 3번도 이유를 나타내지만, '-덕분에'는 고마운 마음이 있어야 해요. 그래서
> 이 상황에는 안 어울리고 1번 '-아/어서'를 골라야 해요.

15. 그 식당은 맛있을 뿐만 아니라* 값도 저렴해요.

① 그 식당은 맛있는데 값이 싸요.

② 그 식당은 맛있어서 값이 비싸요.

③ 그 식당은 맛있지만 값이 비싸요.

④ 그 식당은 맛있는 데다가 값도 싸요.

> * '-(으)ㄹ 뿐만 아니라'는 앞과 뒤의 내용을 연결해 주는 문법이에요. '-는 데다가'와 바꾸어 쓸 수 있어요. 식당에 가는 두 가지 긍정적인 이유를 연결해 주고 있어요.

16. 두 형제가 어렸을 때는 사이가 좋더니* 지금은 매일 싸워요.

① 두 형제는 어렸을 때 사이가 안 좋아서 계속 싸웠다.

② 두 형제가 어렸을 때뿐만 아니라 지금도 사이가 좋다.

③ 두 형제가 어렸을 때 사이가 좋아질 만하면 싸우곤 했다.

④ 두 형제는 어렸을 때는 사이가 좋았는데 지금은 좋지 않다.

> * '-았/었더니'는 과거와 현재의 모습이 다를 때 사용할 수 있는 문법이에요. 여기서는 어렸을 때는 사이가 좋았어요. 그렇지만 지금은 매일 싸우기 때문에 반대의 의미를 가진 '-았/었더니' 문법을 써야 해요.

[17-18] 다음을 읽고 (   )에 알맞은 것을 고르시오.

17.

> 가: 간단하게 자기소개를 해 주세요.
>
> 나: 저는 한국에 오기 전에 학교에서 2년 동안 영어를 가르쳤습니다. 제가 가르친 학생들이 영어를 잘하게 되고 영어에 자신감을 갖게 되는 것*을 보고 영어 강사로서 (   )을/를 느꼈습니다. 한국에서도 선생님으로 일하기 위해 이 학원에 지원했습니다. 학생들에게 따뜻하고 친구 같은 선생님이 되고 싶습니다.

① 갈등   ② 배려   **③ 보람**   ④ 고충

> * 이것이 보람을 느끼는 이유예요. '보람'은 어떤 일을 하고 느끼는 긍정적인 감정이에요. 자기가 한 일이 다른 사람에게 도움이 되었다고 생각할 때 이 감정을 많이 느껴요.

18.

> 　오는 12일에 OO시 외국인 복지 센터가 문을 엽니다. 이 복지 센터에서는 이민자와 다문화 가족을 위한 여러 가지 프로그램이 운영되고 상담실, 교육실 등 다양한 시설을 갖추고 있어 OO시에 살고 있는 많은 외국인들에게 큰 도움을 줄 것으로 기대가 됩니다. 특히 이민자들을 대상으로 의료 상담이나 구직 상담 등 생활에 꼭 필요한 서비스를 제공할 계획인데 아직 한국어를 잘 못해서 의사소통에 어려움이 있다면* 무료로 한국어 (　　　　) 서비스도 받을 수 있습니다.

① **통번역**** 　　　② 예방 접종 　　　③ 교류실 　　　④ 자기 계발

> * 한국어를 못해요. 그래서 도움이 필요해요.
> ** 언어를 다른 나라 언어로 바꿔 주는 것이에요.

[19-20] 다음을 읽고 질문에 답하시오.

19. 이 글의 내용과 같은 것을 고르시오.

> 　직장 생활*을 잘하려면 어떻게 해야 할까? 직장 생활을 잘하려면 하는 일에 책임감이 있어야 하고 업무 내용을 정확하게 파악하는 것이 중요하다는 것을 누구나 알고 있을 것이다. 그러나 일을 잘하고 능력이 있어도 힘들고 어려울 때가 많다. 그 이유는 직장에서는 성격이 다른 다양한 사람과 일해야 하고 복잡한 상하 관계**도 있기 때문이다. 같이 일하는 사람들과의 관계가 좋지 않다면 스트레스도 많이 받고 문제가 있을 때 다른 사람의 도움을 받기도 힘들 것이다. 그러므로 직장 생활에서 가장 중요한 것은 원만한 대인 관계라고 할 수 있다.

① 책임감이 있으면 직장 생활에서 아무 문제가 없을 것이다.

② 능력 있는 사람도 직장 생활에서 어려움을 겪을 때가 있다.

③ 직장 생활에서 다양한 상하 관계 문제가 가장*** 복잡하고 힘들다.

④ 직장에서 맡은 업무를 잘하는 것이 대인 관계보다 더 중요하다****.

20. 이 글의 내용과 같은 것을 고르시오.

> 나는 평소에 한국 역사에 관심이 많다. 그래서 한국 역사에 대한 책도 찾아서 읽고 한국의 유적지*에 가서 역사를 공부하기도 한다. 내가 추천하고 싶은 장소는 수원 화성이다. 수원 화성은 조선 시대의 성곽인데 조선의 역사도 배울 수 있고 옛날 성곽의 모습도 볼 수 있어서 이곳에 가면 의미있는 시간을 보낼 수 있다. 나는 옛 전통과 문화재를 잘 지키고 후손에게 물려주는 것이 무엇보다 중요하다고 생각한다. 한국의 다른 문화재도 수원 화성처럼 잘 보존되었으면 좋겠다.

① 나는 역사책 읽는 것을 좋아하지 않는다**.

② 나는 한국의 문화재를 지키는 일을*** 하고 있다.

③ 수원 화성은 조선 시대에 만든 성곽이 남아 있는 곳이다.

④ 한국 역사를 모르면**** 수원 화성에 가지 않는 것이 좋다.

[21-22] 다음을 읽고 질문에 답하시오.

> 여러분은 한국에서 살면서 어떤 어려움을 겪어 봤습니까? 저는 한국에 오기 전에 한국어를 공부했기 때문에 한국 사람들과 대화가 통하지 않아서 답답하거나 한국어를 못 알아듣는 어려움은 없었습니다. 제가 가장 힘들었던 것은 고향의 문화와 한국의 문화가 많이 다른 것*이었습니다. 처음에 한국에 왔을 때 한국 문화를 잘 몰라서 실수하는 일도 많았고 여러 가지 문화 충격도 경험했습니다. 하지만 문화 간 차이를 극복하려고 노력하고 다양한 문화에 대해 이해하는 시간을 가지면서 이제는 한국 생활에 많이 익숙해졌습니다.

21. 이 글의 내용과 같은 것을 고르시오.

① 이 사람은 한국에 온 후에 한국어를 배웠다. → 한국에 오기 전에 공부했어요.

② 이 사람은 지금도 한국 생활이 힘들고 낯설다. → 지금은 많이 익숙해졌습니다.

③ 이 사람의 고향과 한국은 문화가 많이 다르다.

④ 이 사람은 한국 사람과 대화가 통하지 않아서 답답했다.

　　→ 이 사람은 처음부터 이런 답답함은 없었습니다.

> * 고향과 한국의 문화 차이에 대한 질문입니다. '문화 차이'를 느끼는 이유와 그걸 극복하는 방법에 대해서 생각해 두세요. 말하기 시험에서도 자주 나오는 주제입니다.

22. 이 글의 제목으로 알맞은 것을 고르시오.

① 한국에서 경험한 어려움

② 한국 사람들의 문화 충격

③ 한국 사람과 한국어의 특징

④ 한국 사람과 의사소통하는 방법

[23-24] 다음을 읽고 질문에 답하시오.

23. 다음 글의 ㉠과 ㉡에 들어갈 단어를 순서대로 나열한 것은?

> 직원 모집 공고를 보면 모집 분야가 나와 있다. 자신에게 맞는 일이 사무실에서 컴퓨터 작업을 하는 거라면 (㉠)을 선택하고, 다른 사람을 만나서 물건을 파는 것이 맞는다면 (㉡)을 선택하면 된다.

① 일용직* - 생산직**　　　　　　　**② 사무직 - 판매직**

③ 관리직*** - 일용직　　　　　　　④ 영업직**** - 관리직

> *　　일용직은 길게 계약을 하지 않고 하루하루 필요에 따라 하는 일을 말해요.
> **　　생산직은 공장 같은 곳에서 물건을 만드는 일이에요.
> ***　　관리직은 사람이나 물건을 관리하는 일이에요.
> ****영업직은 물건을 파는 일이에요. 판매직과 비슷해요. 판매는 가게 같은 곳에서 손님을 기다리는 것이고, 영업은 팔 곳을 찾기 위해 돌아다니는 경우가 많아요.

24. 취업할 때 필요한 서류에 대한 내용이 맞지 <u>않게</u> 짝지어진 것은?

① 지원서* - 어렸을 때 살았던 고향과 성격에 대해 쓰는 서류

② 이력서 - 그동안 했던 경험이나 업무에 대해 쓰는 서류

③ 졸업 증명서 - 졸업한 학교 이름과 졸업한 날짜가 써 있는 서류

④ 가족 관계 증명서 - 법적으로 가족인 사람들의 정보를 보여 주는 서류

> *　　지원서는 어떤 회사나 학교 등에 들어가기를 바란다고 신청하는 서류예요.

[25-26] 다음을 읽고 질문에 답하시오.

25. 한국의 선거 제도*에 대한 설명으로 틀린 것은?

① 보통 선거 - 만 18세가 되면 어떤 조건 없이 모든 국민이 선거할 수 있다.

② 직접 선거 - 투표할 때 다른 사람이 대신할 수 없고 선거권을 가진 사람이 직접 투표해야 한다.

③ 평등 선거 - 유권자의 투표권이 성별, 교육 정도, 종교 등의 영향을 받지 않고 모두 같은 것이다.

④ 비밀 선거 - 어디에서 누구에게 투표했는지 다른 사람이 알 수 없도록 비밀이 지켜지는 것을 말한다.

* 한국에는 대통령, 국회의원, 시장 등의 선거가 있어요. 선거의 4원칙은 보통 선거, 직접 선거, 평등 선거, 비밀 선거입니다. 그중 비밀 선거는 누구에게 투표했는지 다른 사람이 모르게 투표를 하는 거예요.

26. 다음 글에서 설명하고 있는 음식의 종류는?

이것은 아기가 엄마의 젖이나 우유를 떼야 할 시기가 되었을 때 자연스럽게 밥을 먹을 수 있도록 그 중간 단계에서 먹는 부드러운 음식입니다.

① 환자식 (환자가 먹기 좋게 만든 음식)

② 뷔페식 (여러 가지 음식을 사람들이 덜어 먹을 수 있도록 한 음식)

③ 이유식

④ 채소식 (채소로 만든 음식)

[27-28] 다음을 읽고 질문에 답하시오.

27. 한국의 요리 방법*에 대한 설명으로 <u>틀린</u> 것은?

① 다지다 - 재료를 아주 작게 써는 것

② 찌다 - 냄비에 물과 재료를 함께 넣어 끓이는 것

③ 무치다 - 재료에 여러 가지 양념을 넣어 섞는 것

④ 데치다 - 끓는 물에 잠깐 재료를 넣었다가 꺼내는 것

> * 요즘 세계적으로 한국 음식에 대한 관심이 증가하고 있으니까 한국 요리를 하는 방법이나 요리할 때 사용하는 도구, 양념 등의 단어를 알아 두면 좋을 것 같아요.

28. 다음 (   ) 안에 공통적으로 들어갈 알맞은 말은?

> 인터넷 쇼핑을 하는 사람들이 많아지면서 고객이 원하는 장소까지 상품을 배달해 주는 (   ) 회사도 많아졌다. 고객은 회사의 앱을 통해서 상품의 현재 위치를 확인할 수도 있고 배달되는 시간도 알 수 있어 편리해하는 반면 (   ) 회사는 상품의 도착 시간이 조금만 늦어도 항의를 하거나 연락처를 잘못 쓰는 고객들 때문에 어려움을 겪고 있다고 한다.

① 포장   ② 구입   ③ 교환   **④ 택배***

> * 택배는 짐이나 상품 등을 원하는 장소까지 직접 배달해 주는 일이에요. 한국은 택배 문화가 발달해서 굉장히 편리해요.

[29-30] 다음 내용을 포함하여 '우리나라의 특별한 날'이라는 제목으로 100자 이내로 글을 쓰시오.

◆ 여러분 나라의 특별한 날은 무엇입니까?
◆ 그날의 의미와 하는 일은 무엇입니까?

※ 작문 시험 시간은 10분이며, 답안지에는 제목을 쓰지 말고 본문만 쓰시오.

	우	리	나	라	의		특	별	한		날	은		할	로	윈	데	이	이
다	.	할	로	윈	데	이	는		성	자	를		기	념	하	기		위	한
	날	이	다	.	무	섭	거	나		재	미	있	는		모	습	으	로	
다	른		집	에		가	서		맛	있	는		것	을		달	라	고	
한	다	.																	

※ 다음 그림을 보고 구술감독관의 질문에 답하여 주시기 바랍니다.

1. 그림은 어떤 장면입니까?

→ 취업을 잘하기 위해 열심히 준비하는 장면입니다. 그리고 취업을 위해 파이팅하는 장면입니다.

2. 취업을 잘하려면 무엇을 준비해야 합니까?

→ 요즘은 국제화 시대이기 때문에 외국어 실력을 키워야 한다고 생각합니다.

3. 한국에서 어떤 분야의 일을 하고 싶습니까?

→ 저는 우리 나라 말과 한국어를 잘할 수 있기 때문에 번역이나 통역을 하고 싶습니다.

4. 어떤 회사가 좋은 회사라고 생각합니까?

→ 월급이나 연봉도 중요하지만 회사 분위기가 좋고 지원들이 서로 친하게 지낼 수 있는 회사가 좋은 회사라고 생각합니다. 그리고 오래 다닐 수 있도록 안정적인 회사가 좋은 회사입니다.

5. 취업을 위해 시험이나 면접을 본 경험이 있습니까?

→ 고향에 있을 때 면접을 본 경험이 많습니다. 첫 면접 때는 긴장해서 대답을 잘 하지 못했고 결과가 안 좋았습니다. 하지만 면접을 볼수록 익숙해져서 나중에는 제가 원하는 좋은 회사에 취업할 수 있었습니다.

03

실전 문법 연습

1. 다음 ( ) 안에 알맞은 것을 고르십시오.

> 가: 얼굴색이 안 좋은 것 같네요. 어디 아프세요?
> 나: 네. 안 그래도 감기 기운이 있어서 약을 ( ).

① 먹고 말겠어요

② 먹을 게 뻔해요

③ 먹을 모양이에요

④ 먹으려던 참이에요

2. 다음 상황에 맞는 대화가 되도록 밑줄 친 곳에 알맞은 말을 고르십시오.

> 가: 쓰레기를 강이나 바다에 함부로 버리는 사람들이 있어요.
> 나: 그렇게 강과 바다를 오염시키면 _____.

① 자동차 사용을 줄여야 할 거예요

② 일회용품을 사용하지 않아야 해요

③ 곧 마실 물이 부족해질지도 몰라요

④ 자연이 얼마나 심하게 파괴됐는데요

3. 다음 중 밑줄 친 부분이 맞는 것을 고르십시오.

① 오후 다섯 시에 가니까 은행 문이 <u>닫았다</u>.

② 어디선가 내 이름을 부르는 소리가 <u>들렸다</u>.

③ 책상마다 급히 처리해야 할 서류들이 <u>놓았다</u>.

④ 수 년간의 노력으로 농촌 경제가 많이 <u>바꿨다</u>.

4. (　　　) 안에 알맞은 것 고르십시오.

> 가: 수진 씨는 등산을 좋아하는 것 같아요.
> 나: 네. 그런데 산 여기저기에 쓰레기가 (　　　　　) 있는 걸 보면 기분이 좀 안 좋아요.

① 버려져

② 버리고

③ 버리려고

④ 버렸는데도

5. 다음 중 밑줄 친 부분이 <u>틀린</u> 것을 고르십시오.

① 자동차 창문이 <u>열려 있어요</u>.

② 책상 위에 <u>놓여 있는</u> 책을 읽었어요.

③ 지금 열심히 숙제를 <u>해 있어요</u>.

④ 벽에 가족사진이 <u>걸려 있네요</u>.

6. 다음 중 밑줄 친 부분이 <u>틀린</u> 것을 고르십시오.

① 어머니는 아이에게 밥을 <u>먹혔다</u>.

② 철수는 재미있는 말로 우리를 <u>웃겼다</u>.

③ 영진이는 종이 비행기를 하늘에 <u>날렸다</u>.

④ 자려고 하지 않는 아이들을 겨우 <u>재웠다</u>.

7. 다음 중 밑줄 친 부분이 맞는 것을 고르십시오.

① 밤늦게까지 안 자는 아이들을 겨우 <u>재웠다</u>.

② 그 사람은 항상 재미있는 이야기로 우리를 <u>웃는다</u>.

③ 철수는 동생이 가까이 오자 등 뒤에 과자를 <u>숨게 했다</u>.

④ 친구들과 식당에 갔지만 배가 불러서 밥을 많이 <u>남게 했다</u>.

8. 다음 밑줄 친 부분에 가장 알맞은 것을 고르십시오.

> 가: 무슨 걱정 있니?
>
> 나: _____ 친구한테 연락이 안 와서.

① 아무리 기다려도

② 계속 기다리더라도

③ 끝까지 기다린다고 하고

④ 오랫동안 기다리고 나면

9. 다음 중 밑줄 친 부분이 맞는 것을 고르십시오.

① 양파 껍질 좀 <u>벗겨</u> 주세요.

② 너무 많아서 음식이 <u>남겼어요.</u>

③ 민경 씨가 나에게 우산을 <u>썼어요.</u>

④ 어두워서 책상 위의 전등이 <u>켰어요.</u>

10. 다음 중 밑줄 친 부분이 맞는 것을 고르십시오.

① 아이가 엄마 등에 <u>업어서</u> 자고 있어요.

② 죄송하지만 이 옷 좀 <u>걸려</u> 주시겠어요?

③ 결혼식이 언제인지 저에게 꼭 <u>알아</u> 주세요.

④ 중요한 물건은 관리실에 <u>맡기고</u> 들어가세요.

11. 다음 중 밑줄 친 부분이 틀린 것을 고르십시오.

① 청소를 하지 않아서 먼지가 <u>쌓여</u> 있다

② 가족 사진이 있으면 좀 <u>보여</u> 주세요

③ 아까 보니까 은행 문이 <u>닫아</u> 있었어요

④ 아무래도 공항에서 가방이 <u>바뀐</u> 것 같다

12. 다음 중 밑줄 친 부분이 맞는 것을 고르십시오.

① 드디어 그 도둑이 경찰한테 <u>잡았다</u>.

② 산 정상에 올라가면 바다가 잘 <u>보여진다</u>.

③ 여기는 조용해서 전화 소리가 잘 <u>들어진다</u>.

④ 요즘 갑자기 날씨가 더워져서 에어컨이 많이 <u>팔린다</u>.

13. 다음을 가장 알맞게 연결시킨 것을 고르십시오.

> 부모님께서 반대하시다 / 나는 꼭 유학 가다

① 부모님이 반대하셔도 나는 꼭 유학을 갈 겁니다.

② 부모님이 반대하실 테니까 나는 꼭 유학을 갔습니다.

③ 부모님이 반대하시느라고 나는 꼭 유학을 갑니다.

④ 부모님이 반대하시기 위해 나는 꼭 유학을 가기로 했습니다.

14. 빈칸에 가장 알맞은 것을 고르십시오.

> 가: 아저씨, 너무 비싸니까 좀 깎아 주세요.
> 나: _____ 하나 더 드릴게요.

① 깎아 주는 대로

② 깎아 주는 대신에

③ 깎아 줄까 하다가

④ 깎아 주기는 하지만

15. ( )에 들어갈 적당한 말을 고르십시오.

> 가: 내일이 시험인데 더 공부하지 않고 벌써 자요?
> 나: 열심히 ( ) 못 볼 것 같으니까 그냥 자려고요.

① 공부하더니

② 공부할 테니까

③ 공부해도

④ 공부할 게 아니라

16. 다음 밑줄 친 부분과 의미가 비슷한 것을 고르십시오.

> 일이 <u>끝나는 대로</u> 제 사무실에 들러 주세요.

① 끝났으니까

② 끝나더라도

③ 끝나자마자

④ 끝나기 전에

17. 다음 밑줄 친 부분에 알맞은 것을 고르십시오.

> 가: 이 문법을 어떻게 _____.
> 나: 그래요? 제가 가르쳐 드릴게요.

① 사용하게 됐어요

② 사용하는지 모르겠어요

③ 사용한다고 들었어요

④ 사용하는 것 같아요

18. 빈칸에 들어갈 말로 알맞은 것을 고르십시오.

> 십 원짜리 동전을 별로 쓸 일이 없어서 동전이 생길 때마다 저금통에 넣었다. 어느 날 저금통이 꽉 차서 동전을 꺼내 (   ) 오만 원이나 되었다. 십 원짜리라서 얼마 안 될 거라고 생각했는데 생각보다 많아서 깜짝 놀랐다.

① 셌다가   ② 세어도

③ 세어 보았더니   ④ 셌다고 해도

19. 두 문장을 바르게 연결한 것을 고르십시오.

> 가: 어떻게 해야 회사에 취직할 수 있을까요?
> 나: 영어를 잘해야 돼요. 취직할 수 있어요.

① 영어를 잘할 겸 취직할 수 있어요.

② 영어를 잘해야 취직할 수 있어요.

③ 영어를 잘한다고 해도 취직할 수 있어요.

④ 영어를 잘했는데 취직할 수 있어요.

20. 다음 밑줄 친 부분이 <u>잘못된</u> 것을 고르십시오.

① 눈이 <u>오다가</u> 이제는 그쳤어요.

② 잠깐만 눈을 <u>감았다가</u> 뜨세요.

③ <u>청소했다가</u> 친구한테서 전화를 받았어요.

④ 집에 <u>가다가</u> 가게에 들러서 과자를 샀어요.

21. 밑줄 친 부분에 들어갈 가장 알맞은 것을 고르십시오.

> 가: 내일 우리 텔레비전을 사러 가야 하지요?
> 나: 당신 그동안 쉬지 않고 일해서 _____ 다음에 사러 가는 게 어때요?

① 피곤할 뻔해서   ② 피곤할 텐데

③ 피곤할 뿐 아니라   ④ 피곤할 겸

1. 다음 (   ) 안에 알맞은 것을 고르십시오.

> 가: 좀 쉬고 싶어요. 오랫동안 걸었더니 다리가 아프네요.
> 나: 조금만 더 가면 (   ) 곳이 있어요.

① 쉴 뿐인

② 쉴 만한

③ 쉴 뻔한

④ 쉬는 듯한

2. 다음 글을 밑줄 친 부분과 바꿔 쓸 수 있는 말을 고르십시오.

> 가: 황사가 <u>심해 가지고</u> 외출하기가 힘들어요.
> 나: 맞아요. 갈수록 황사가 심해져서 큰일이에요.

① 심하기 때문에   ② 심한 덕분에

③ 심하기 위해서   ④ 심하느라고

3. (   )에 알맞은 것 고르십시오.

> 가: 이것보다 더 효과적인 방법이 없을까?
> 나: 그런 방법을 찾기 전에는 이대로 (   ) 없어요.

① 하다시피

② 할 수밖에

③ 하려다가

④ 하는 대신에

4. 빈칸에 들어갈 말로 알맞은 것을 고르십시오.

> 가: 이번 시험이 어려웠다면서요?
> 나: 네, 우리 반에서 공부를 제일 잘하는 친구(   ) 못 푸는 문제가 많았대요.

① 로서 　　　　　　　　　　② 조차

③ 만큼 　　　　　　　　　　④ 야말로

5. (　　　)에 맞는 것을 고르십시오.

> 가: 철수 씨가 농구를 잘 해요?
> 나: 네, 철수 씨도 민호 씨(　　　　　　) 농구를 해요.

① 치고

② 마저

③ 만큼

④ 조차

6. 다음 (　　) 안에 알맞은 것을 고르십시오.

> 노년의 행복은 50대까지 만든 인간관계에 의해 결정된다고 한다. 인간의 수명은 점점 늘어나고 있다. 우리가 노후를 행복하게 보내려면 친구를 많이 만드는 길(　　　　　) 없다.

① 에서

② 밖에

③ 마저

④ 이야말로

7. 다음 (   )에 알맞은 것을 고르십시오.

> 가: 한국을 대표하는 음식 좀 추천해 주세요.
> 나: 비빔밥(   ) 한국을 대표하는 음식이라고 할 수 있지요.

① 으로서

② 이나마

③ 에다가

④ 이야말로

8. 다음 밑줄 친 부분과 바꾸어 쓸 수 있는 것을 고르십시오.

> 가: 왜 유학을 포기했어요?
> 나: 유학을 가고 싶었지만 집안 사정이 어려워서 <u>취직을 할 수밖에 없었어요</u>.

① 취직을 해도 소용이 없었어요

② 취직을 안 할 수가 없었어요

③ 취직을 할 수조차 없었어요

④ 취직을 할 수가 없었어요

9. 다음 (   )에 알맞은 것을 고르십시오.

> 가: 제 남자친구는 항상 제 메일을 확인하려고 해요.
> 나: 말도 안돼요. 그런 행동(   ) 사생활 침해라고 생각해요.

① 만큼

② 이나마

③ 이야말로

④ 에다가

10. 다음 밑줄 친 부분 중 맞는 것을 고르십시오.

① <u>보시다시피</u> 상황이 너무 안 좋아요.

② 그렇게 <u>늦잠을 자도록</u> 또 지각할 거예요.

③ 아무리 <u>사과하는 한</u> 소용이 없을 거예요.

④ 사고방식이 <u>다르더니</u> 문제가 생길 수밖에 없지요.

11. ( ) 안에 알맞은 것을 고르십시오.

> 가: 유리코 씨의 한국어 실력이 많이 는 것 같아요..
> 나: 네. 그 정도면 6개월 공부한 것(   ) 훌륭하지요.

① 조차   ② 치고

③ 밖에   ④ 마저

12. 다음 ( )에 알맞은 것을 고르십시오.

> 내 동생은 중학생(   ) 키가 너무 작아서 부모님께서 항상 걱정을 하신다.

① 마저   ② 조차

③ 부터   ④ 치고

13. 다음 밑줄 친 부분 중 틀린 것을 고르십시오.

① 이 가수는 인기가 <u>많다고 한다.</u>

② 철수는 오늘이 <u>무슨 요일이냐고</u> 물었다.

③ 민정은 다음 주에 영화관에 같이 <u>가자고</u> 했다.

④ 올 겨울은 작년에 비해 눈이 많이 <u>올 거다고</u> 한다.

14. 다음 밑줄 친 부분 중 맞는 것을 고르십시오.

① 내 동생은 벌써 1시간 전에 숙제를 다 <u>한다고</u> 합니다.

② 내년에 미영 씨는 미국으로 유학을 <u>갈 거라고</u> 합니다.

③ 친구가 나에게 내일 자기랑 같이 영화를 <u>봤느냐고</u> 합니다.

④ 어머니가 나에게 청소하는 형을 <u>도와 달라고</u> 합니다.

15. 빈칸에 가장 알맞은 것을 고르십시오.

> 가: 이 MP3를 샀어요?
> 나: 아니요, 이건 우리 형 MP3인데 우리 형한테 잠깐 (   ) 하고 가져왔어요.

① 빌려 준다고

② 빌려 달라고

③ 빌려 주라고

④ 빌려 온다고

16. 다음 밑줄 친 부분 중 <u>틀린</u> 것을 고르십시오.

① 민호는 친구들 사이에서 인기가 <u>많다고 한다</u>.

② 철수는 갑자기 내 생일이 <u>언제냐고 물었다</u>.

③ 여자 친구가 다음 주에 미술관에 같이 <u>가자고 했다</u>.

④ 이번 여름에는 작년에 비해 비가 많이 <u>올 거다고 한다</u>.

17. 다음 밑줄 친 부분 중 <u>틀린</u> 것을 고르십시오.

① 친구가 내일 같이 영화를 보러 <u>가재요</u>.

② 엄마가 고기만 먹지 말고 채소도 <u>먹으래요</u>.

③ 내 친구가 요즘 일본어를 <u>배운대요</u>.

④ 형이 나한테 같이 게임을 <u>한대요</u>.

18. 다음 밑줄 친 부분 중 잘못 된 것을 고르십시오.

① 한 달 후면 친구는 결혼을 <u>할 거라고</u> 해요.

② 김 과장님이 지난주에 다른 회사에 <u>갔다고</u> 해요.

③ 어머니께서 계속 저에게 <u>공부하라고</u> 해요.

④ 친구가 날씨가 좋으니까 같이 놀러 <u>간다고</u> 해요.

19. 다음 밑줄 친 부분과 의미가 비슷한 것을 고르십시오.

> 시험을 보는 교실 안은 연필 소리도 <u>들릴 정도로</u> 조용해요.

① 들릴 뿐   ② 들리는 대로

③ 들릴 만큼   ④ 들리는 동안에

20. 다음 밑줄 친 부분이 잘못 된 것을 고르십시오.

① 엄마가 아기한테 밥을 <u>먹이고</u> 있어요.

② 바지가 너무 길어서 길이를 좀 <u>줄이고</u> 싶어요.

③ 거짓말로 친구를 <u>속이는</u> 것은 나쁜 행동이에요.

④ 도로가 좁아서 길을 <u>넓이는</u> 공사를 하고 있어요.

21. 밑줄 친 부분에 들어갈 가장 알맞은 것을 고르십시오.

> 가: 우리 학교 앞에 새로 생긴 식당에서 식사를 먹을까요?
> 나: 그 식당은 _____ 지난번에 갔던 식당에서 먹는 게 어때요?

① 비쌀까 하니까

② 비쌀 텐데

③ 비쌀 뿐 아니라

④ 비쌀 겸

실전 문법 연습 3

1. 밑줄 친 부분과 바꾸어 쓸 수 없는 것을 고르십시오.

> 실험용 흰쥐에게 소금을 많이 <u>먹게 했더니</u> 이들의 수명이 다른 쥐들에 비해 짧아졌다고 한다.

① 먹도록 했더니

② 먹게 시켰더니

③ 먹게 되었더니

④ 먹도록 시켰더니

2. ( )에 들어갈 적당한 말을 고르십시오.

> 가: 내일부터는 정식으로 일이 시작된대요.
> 나: 그럼, 내일부터는 ( ) 해야 하겠네요.

① 늦지 않는다면

② 늦지 않도록

③ 늦지 않고

④ 늦지 않으니까

3. 밑줄 친 부분에 들어갈 말로 알맞은 것을 고르십시오.

> _____ 바람이 서늘해서 참 좋아요.

① 깊은 산 속 같지만

② 깊은 산 속일 수가 있어야

③ 깊은 산 속이라서 그런지

④ 깊은 산 속이든지

4. 빈칸에 들어갈 말로 알맞은 것을 고르십시오.

> 가: 농촌에 있는 초등학교들이 문을 닫는 경우가 많아졌대요.
> 나: 네, 농촌의 인구 감소(   ) 학교 다닐 아이들이 많이 줄었거든요.

① 로 인해서

② 를 비롯해서

③ 를 위해서

④ 에도 불구하고

5. 빈칸에 들어갈 말로 알맞은 것을 고르십시오.

> 가: 요즘에 아버지나 어머니가 없는 아이들이 많다고 들었어요.
> 나: 네, 부모의 이혼(   ) 한 부모 가정이 많이 늘었거든요.

① 으로 인해서

② 에도 불구하고

③ 에 비해서

④ 을 비롯해서

6. 빈칸에 들어갈 말로 알맞은 것을 고르십시오.

> 올해는 강풍과 폭우(   ) 농사를 짓는 분들의 피해가 심각하다.

① 야말로

② 에 비해

③ 로서

④ 로 인해

7. 빈칸에 가장 알맞은 것을 고르십시오.

> 가: 준영 씨는 먼저 들어갔나요?
> 나: 가방이 있는 걸 보니까 _____.

① 잠깐 나갔나 봐요

② 잠깐 나가겠어요

③ 조금 후에 나가면 돼요

④ 조금 후에 나가려고 해요

8. 다음 밑줄 친 부분과 의미가 비슷한 것을 고르십시오.

> 가: 그 식당 음식이 맛있어요?
> 나: 사람들이 많이 가는 걸 보니까 <u>맛있나 봐요.</u>

① 맛있고 말고요

② 맛있는지 몰라요

③ 맛있는 것 같아요

④ 맛있다고 들었어요

9. 밑줄 친 부분이 맞는 것을 고르십시오.

① 급한 전화를 <u>받더라도</u> 손님이 온 줄도 몰랐다.

② 해가 뜨는 것을 <u>보려다가</u> 동해 바다로 갑시다.

③ 연구실에서 <u>실험하느라고</u> 밖에 나갈 시간이 없었다.

④ 저장한 자료가 모두 <u>없어지더라면</u> 다시 만들어야 한다.

10. 다음 밑줄 친 부분과 바꾸어 사용할 수 있는 것을 고르십시오.

> 가: 민우야, 지난번에 내가 빌려준 책 가지고 왔니?
> 나: 미안해. 집에서 급하게 <u>나오느라고</u> 깜박 잊어버렸어.

① 나오더니

② 나오더라도

③ 나왔기 때문에

④ 나온 데다가

11. 다음 중 밑줄 친 부분에 가장 알맞은 것을 고르십시오.

> 가: 요즘도 계속 바쁜가 봐요?
> 나: _____.

① 잠깐 볼일을 보려고요

② 취직 준비를 하느라고요

③ 여기에 계속 있을 거예요

④ 바쁜 일이 모두 끝났거든요

12. 밑줄 친 부분을 같은 의미로 바꾸어 쓴 것을 고르십시오.

> 가: 그 영화 어땠어요?
> 나: <u>지루해서 보느라고 혼났어요.</u>

① 지루했지만 꽤 볼 만했어요

② 너무 지루해서 재미없었어요

③ 재미있어 하는 사람들이 많았어요

④ 지루하게 해서 사람들한테 혼났어요

13. 다음 밑줄 친 부분과 의미가 같은 것을 고르십시오.

> <u>요리하느라고</u> 전화를 얼른 받을 수 없었어요.

① 요리하고 있으면

② 요리하고 있어서

③ 요리하고 있는데

④ 요리하고 있어도

14. 다음 두 표현을 가장 알맞게 연결한 것을 고르십시오.

> 밀린 일을 하다 / 점심 시간을 놓치다

① 밀린 일을 할수록 점심 시간을 놓쳤다

② 밀린 일을 했는데도 점심 시간을 놓쳤다

③ 밀린 일을 하느라고 점심 시간을 놓쳤다

④ 밀린 일을 하자마자 점심 시간을 놓쳤다

15. 다음 중 틀린 문장을 고르십시오.

① 비디오를 보느라고 할 일을 못했다.

② 회의 준비를 하느라고 아주 힘들었다.

③ 우체국에 잠깐 들렀다 오느라고 늦었다.

④ 내일 아침에 일찍 일어나느라고 일찍 잤다.

16. 다음 두 표현을 가장 알맞게 연결한 것을 고르십시오.

> 칭찬을 받다 / 그 일을 한 것은 아니다

① 칭찬을 받은 듯이 그 일을 한 것은 아닙니다.

② 칭찬을 받기 위해서 그 일을 한 것은 아닙니다.

③ 칭찬을 받기만 해도 그 일을 한 것은 아닙니다.

④ 칭찬을 받으려고 하니까 그 일을 한 것은 아닙니다.

17. 다음 두 표현을 가장 알맞게 연결한 것을 고르십시오.

> 민수는 사교성이 있다 / 민수는 공부를 잘한다

① 민수는 사교성이 있다고 해도 공부는 잘합니다.

② 민수는 사교성도 있어야 하고 공부도 잘합니다.

③ 민수는 사교성이 있는 척하면 공부는 잘합니다.

④ 민수는 사교성이 있을 뿐만 아니라 공부도 잘합니다.

18. 다음 밑줄 친 부분과 의미가 비슷한 것을 고르십시오.

> 그 하숙집은 교통이 <u>편리한 데다가</u> 시설도 좋아서 하숙생들에게 아주 인기가 많다.

① 편리할 겸

② 편리한 만큼

③ 편리하기는 하지만

④ 편리할 뿐만 아니라

19. 밑줄 친 부분과 의미가 같은 것을 고르십시오.

> 이번 학교 축제는 <u>학생들뿐만 아니라</u> 부모님들까지 오셔서 더욱 좋았다.

① 학생들만

② 학생들밖에

③ 학생들은 물론이고

④ 학생들이라서 그런지

20. 밑줄 친 부분과 의미가 같은 것을 고르십시오.

> 그 하숙집은 교통이 <u>편리한 데다가</u> 시설도 좋아서 하숙생들에게 아주 인기가 많다.

① 편리할 겸

② 편리한 만큼

③ 편리하기는 하지만

④ 편리할 뿐만 아니라

21. 밑줄 친 부분을 같은 의미로 바꿔 쓴 것을 고르십시오.

> 가: 경찰에 신고라도 해야 되는 거 아니에요?
> 나: <u>잘 알아보지도 않고 신고부터 해요? 창피를 당할 수도 있잖아요.</u>

① 잘 알아보지도 않고 신고부터 했다가 창피를 당하면 어떻게 해요?

② 잘 알아보지 않고 신고부터 하더라도 창피를 당하는 것은 아니에요.

③ 잘 알아보지도 않고 신고부터 했다고 해서 창피를 당할 수는 없어요.

④ 잘 알아보지도 않고 신고부터 할 건지 창피를 당할 건지 결정해야지요.

실전 문법 연습 4

1. 다음 두 표현을 가장 알맞게 연결한 것을 고르십시오.

> 일하는 사람들이 친절하다 / 물건값이 싸다

① 일하는 사람들이 친절하다면 물건값도 싸요

② 일하는 사람들이 친절할 뿐만 아니라 물건값도 싸요

③ 일하는 사람들이 친절하기만 하면 물건값도 싸요.

④ 일하는 사람들이 친절하기는 한데 물건값도 싸요

2. 밑줄 친 부분과 의미가 같은 것을 고르십시오.

> 가: 그 사무실에 새로 들어온 직원 어때요?
> 나: 일도 잘 하는 데다가 예의도 바르더라고요.

① 하고는

② 하거든

③ 하는 체하고

④ 할 뿐만 아니라

3. 다음 두 표현을 가장 알맞게 연결한 것을 고르십시오.

> 칭찬을 받다 / 그 일을 한 것은 아니다

① 칭찬을 받는 한 그 일을 한 것은 아닙니다

② 칭찬을 받기 위해서 그 일을 한 것은 아닙니다

③ 칭찬을 받기만 해도 그 일을 한 것은 아닙니다

④ 칭찬을 받으려고 하니까 그 일을 한 것은 아닙니다

4. 밑줄 친 부분과 의미가 같은 것을 고르십시오.

> 가: 이 식당은 주말도 아닌데 손님이 정말 많네요.
> 나: <u>음식이 싼 것은 물론이고</u> 서비스도 아주 좋거든요.

① 음식에 따라

② 음식에 비해

③ 음식이 싼 만큼

④ 음식이 싼데다가

5. 빈칸에 들어갈 말로 알맞은 것을 고르십시오.

> 가: 작년 여름과 달리 올해는 비가 안 와서 큰일이에요.
> 나: _____.

① 올해는 작년에 비해 비가 많이 오려나 봐요

② 올해는 비가 많이 와서 작년보다 더 더워요

③ 작년에는 그렇게 비가 오더니 올해는 별로 안 오네요

④ 작년에는 더웠는데 올해 비가 오지 않았더라면 좋았을걸

6. 다음 (   )에 알맞은 것을 고르십시오.

> 가: 왜 이사를 가려고 해요?
> 나: 다음달부터 (   ) 된 회사가 너무 멀어서요.

① 일하게

② 일해서

③ 일하면서

④ 일하니까

7. 제시된 상황에 맞는 대화가 되도록 밑줄 친 부분에 가장 알맞은 것을 고르십시오.

> 봄이 자꾸 짧아지고, 평균 기온도 상승한다는 뉴스를 들었다.

⇩

> 가: 요즘엔 봄이 거의 없는 것 같아. 겨울이 지나면 금방 날씨가 더워지잖아.
> 나: 맞아. _____.

① 이렇게 되면 봄에는 더 추워질지도 몰라.

② 이렇게 가다가는 봄 날씨가 더 따뜻할지도 몰라.

③ 이렇게 되다가는 봄이 완전히 사라질지도 모르겠어.

④ 이렇게 가면 여름과 겨울 날씨가 더 좋을지 모르겠어.

8. 다음 빈칸에 들어갈 말로 알맞은 것을 고르십시오.

> 가: 숙제는 다 했어요?
> 나: 아니요, 어제 숙제를 하다가 _____.

① 잠이 들고 말았어요   ② 잠이 들 뻔 했어요

③ 잠이 들었어야 했어요   ④ 잠이 든 셈이에요

9. 다음 밑줄 친 부분과 같은 의미를 가진 말을 고르십시오.

> 가: 그 일을 맡기로 했어요?
> 나: 네. 안 하겠다는 말을 못하고 그만 약속을 해 버렸어요.

① 해 냈어요

② 해 뒀어요

③ 하고 말았어요

④ 했으면 했어요

10. 다음 밑줄 친 부분 중 틀린 것을 고르십시오.

① 사람들은 흔히 외모를 보고 다른 사람을 평가하곤 한다.

② 아무리 힘들어도 포기하지 않았으면 한다.

③ 여러 가지 가능성을 고려하지 않으면 실수할 게 뻔하다.

④ 친구와 노느라고 시험 준비를 잘 하지 않았더니 실패하고 말겠다.

11. 밑줄 친 부분과 의미가 같은 말을 고르십시오.

> 가: 왜 어제 여자친구를 안 만났어요?
> 나: 약속 시간보다 늦게 갔더니 여자친구가 집에 가 버렸어요.

① 가나 봤어요

② 가 뒀어요

③ 가 냈어요

④ 가고 말았어요

12. 다음 밑줄 친 부분과 같은 의미를 가진 말을 고르십시오.

> 가: 선배들은 모두 잘하는데 저만 자꾸 실수를 해서 고민이에요.
> 나: 처음에는 실수하는 게 당연하죠. 너무 고민하지 마세요.

① 실수할 정도예요

② 실수하기를 바라요

③ 실수한다는 말이에요

④ 실수하기 마련이에요

13. 밑줄 친 부분과 의미가 같은 것을 고르십시오.

> 가: 그 청소기를 사지 않은 사람이 없어요.
> 나: 싸고 성능이 좋은 물건은 잘 팔리기 마련이지요.

① 팔리는 법이지요

② 팔리는 게 뭐예요

③ 팔리긴 다 틀렸어요

④ 팔리면 문제 없어요

14. 밑줄 친 부분과 의미가 같은 것을 고르십시오.

> 가: 한국 음식을 할 줄 몰랐는데 매일 하다 보니까 이제 잘하게 됐어요.
> 나: 그럼요. 무엇이든 매일 조금씩이라도 노력하면 잘하게 되는 법이에요.

① 잘하는 척해요

② 잘하는 모양이에요

③ 잘하기 마련이에요

④ 잘하기 때문이에요

15. 밑줄 친 부분이 다른 의미로 사용된 것을 고르십시오.

① 요즘 운전할 줄 모르는 사람이 어디 있어요?

② 미영 씨가 하도 안 보여서 어디 아픈 줄 알았어요.

③ 여름 날씨가 이렇게 더운 줄 몰랐어요.

④ 아무도 그 사람이 도둑일 줄 몰랐을 거예요.

16. (　　　) 안에 알맞은 것을 고르십시오.

> 가: 수미 씨가 많이 아픈가 봐요.
> 나: 아니에요. 오늘 모임에 가기 싫어서 (　　　　　).

① 아플 거예요

② 아팠으면 해요

③ 아픈 척하는 거예요

④ 아플까 봐 걱정이에요

17. (　　　) 안에 들어갈 말로 알맞은 것을 고르십시오.

> 가: 65세의 나이로 봉사활동을 하시고 계신데 힘들지는 않으세요?
> 나: 별로 안 힘들어요. 내 건강이 (　　　　　) 계속 하고 싶어요.

① 허락하더라도

② 허락할 정도로

③ 허락하길래

④ 허락하는 한

18. 밑줄 친 부분과 의미가 같은 것을 고르십시오.

> 가: 어머니 수술이 잘 끝나서 정말 다행이에요.
> 나: 하지만 어제는 <u>얼마나 마음을 졸였는지 몰라요.</u>

① 마음이 편해졌어요

② 많이 편찮으셨어요

③ 걱정을 정말 많이 했어요

④ 수술이 늦게 끝나서 잠깐 졸았어요

19. 빈칸에 가장 알맞은 것을 고르십시오.

> 가: 한국어 공부는 잘돼 가요?
> 나: 네, 힘들지만 ＿＿＿＿＿＿＿ 재미있어요.

① 공부를 하는 대로

② 공부를 하려고 해도

③ 공부를 하면 할수록

④ 공부를 하기 힘들까 봐

20. 빈칸에 들어갈 알맞은 것을 고르십시오.

> 　모처럼 대학 동창들과 함께 극장에 갔더니 주말이라고 표가 모두 매진되었다. 공휴일이라 그런지 극장 안은 사람들로 붐벼서 발 디딜 틈도 없었다. 영화를 못 (　　　　　) 다행히 다음 시간 영화표가 몇 장 남아 있어서 가까스로 표를 살 수 있었다.

① 볼까 봐서

② 볼 뻔했지만

③ 볼 만했지만

④ 볼 리 없었지만

21. 빈칸에 들어갈 말로 알맞은 것을 고르십시오.

> 가: 엄마, 이번 시험에서는 실수를 많이 했어요.
> 나: 그러니까 내가 마지막에 ＿＿＿＿＿＿＿＿＿＿＿＿.

① 확인할 뻔 했잖아

② 확인하는 척했잖아

③ 다시 한번 확인하라고 했잖아

④ 통 모르면 확인할 수조차 없잖아

실전 문법 연습 5

1. 빈칸에 들어갈 알맞은 것을 고르십시오.

> 우리 경제는 앞으로 더 발전해 ＿＿＿＿＿＿.

① 갔습니다

② 갈 겁니다

③ 왔습니다

④ 올 겁니다

2. (   ) 안에 알맞은 것을 고르십시오.

> 가: 너는 민호 씨 이야기가 재미있나 봐. 민호 씨가 얘기만 하면 웃잖아.
> 나: 아니야. 나도 재미없는데 그냥 예의상 (   ).

① 재미있을 거야

② 재미있었으면 해

③ 재미있을까 봐 걱정이야

④ 재미있는 척하는 거야

3. 다음 두 표현을 가장 알맞게 연결한 것을 고르십시오.

> 한국어를 공부하다 / 더 어렵다는 생각이 들다

① 한국어를 공부할 뿐이지 더 어렵다는 생각이 들어요.

② 한국어를 공부할수록 더 어렵다는 생각이 들어요.

③ 한국어를 공부할까 봐서 더 어렵다는 생각이 들어요.

④ 한국어를 공부할 정도로 더 어렵다는 생각이 들어요.

4. (　　　) 안에 알맞은 것을 고르십시오.

> 가: 오늘 수업 내용은 정말 어렵더라. 그런데 수업 시간에 보니까 너는 다 이
> 　해한 것 같더라.
> 나: 아니야. 교수님이 자꾸 나를 보시길래 잘 모르면서 그냥 (　　　) 했어.

① 이해할 줄　　　　　　　　　② 이해할 법

③ 이해하는 척　　　　　　　　④ 이해하는 셈

5. (　　　)에 들어 갈 적당한 말을 고르십시오.

> 가: 떡볶이가 맵다고 하면서 계속 잘 먹네.
> 나: 맵기는 한데 (　　　　　) 맛있어요.

① 먹을 테니까

② 먹어서 그런지

③ 먹는다고 해도

④ 먹을수록

6. 제시된 상황에 맞는 대화가 되도록 밑줄 친 부분에 가장 알맞은 것을 고르십시오.

> 친구와 같이 영화관에서 슬픈 영화를 보고 나왔다.

⇩

> 가: 영화가 정말 슬프고 감동적이었지?
> 나: 응, 아까 영화를 보다가 ＿＿＿＿＿＿＿＿＿＿＿＿＿＿＿.

① 눈물이 났어도 괜찮았어

② 눈물이 날 뻔했을 정도야

③ 눈물을 흘릴 리가 없었어

④ 눈물을 흘리지 않았을 텐데

7. 다음 (   )에 알맞은 것을 고르십시오.

> 가: 아이고, 네가 나를 안 잡아 줬으면 계단에서 (   ).
> 나: 계단이 미끄러우니까 조심해.

① 넘어질 텐데

② 넘어질까 해

③ 넘어진 척했어

④ 넘어질 뻔했어

8. 다음 밑줄 친 부분에 가장 알맞은 것을 고르십시오.

> 가: 제가 아까 횡단보도를 건너다가 _____. 정말 깜짝 놀랐어요.
> 나: 또 음악을 듣다가 주변을 보지 않고 길을 건넜지? 엄마가 횡단보도에서는 조심하라고 했잖아.

① 사고가 날 뻔했어요

② 길에 자동차가 없던데요

③ 친구가 길에 쓰러졌어요

④ 사람들이 함께 건넜어요

9. 밑줄 친 부분에 알맞은 것을 고르십시오.

> 가: 요즘 물가가 올라서 만원으로 살 수 있는 물건이 몇 개 없어요.
> 나: 맞아요. 특히 _____

① 채소값이 얼마나 올랐어요?

② 채소를 얼마나 샀는지 알아요?

③ 채소값이 얼마나 올랐는지 몰라요.

④ 채소가 얼마인지 모르겠어요.

10. 밑줄 친 부분과 의미가 같은 것을 고르십시오.

> 가: 아들이 이번에 대학에 합격했다고 들었어요. 축하해요.
> 나: 고마워요. 합격 소식을 듣기 전까지 <u>얼마나 마음을 졸였는지 몰라요.</u>

① 마음이 맞았어요.

② 마음이 편했어요.

③ 걱정을 정말 많이 했어요.

④ 걱정을 할 필요가 없었어요.

11. 밑줄 친 것 중에서 <u>틀린</u> 것을 고르십시오.

① 내가 <u>타던</u> 자동차를 친구에게 팔았다.

② 며칠 전에 <u>가던</u> 집인데 도무지 찾을 수 없다.

③ 언니가 결혼식 때 <u>입었던</u> 드레스를 내게 주었다.

④ 이 사진을 <u>찍었던</u> 장소가 어디인지 기억나지 않는다.

12. 다음 (   )에 알맞은 것을 고르십시오.

> 가: 유학 생활을 잘 할 수 있을지 걱정이에요.
> 나: 어디에 (   ) 지금처럼 열심히 하면 돼요.

① 가든지

② 가거든

③ 가도록

④ 가던데

13. 밑줄 친 부분과 바꾸어 쓸 수 있는 것을 고르십시오.

> 가: 이 식당은 뭐가 맛있어요?
> 나: 저는 여기 오면 칼국수를 <u>먹든지</u> 만두를 먹어요.

① 먹거나

② 먹어도

③ 먹던데

④ 먹거든

14. 밑줄 친 부분과 바꾸어 사용할 수 있는 것을 고르십시오.

> 가: 설악산에 가 보셨어요?
> 나: 아니요, <u>설악산은커녕</u> 동네 뒷산도 못 가 봤어요.

① 설악산은 말고

② 설악산이라고 해도

③ 설악산은 제외하고

④ 설악산은 말할 것도 없고

15. 밑줄 친 것 중 틀린 것을 고르십시오.

① 볼일도 보고 <u>친구도 만난 겸</u> 시내에 갔다 왔다.

② 여행 이야기가 <u>나온 김에</u> 이번 주말에 여행을 갑시다.

③ 지갑이 집에 있었는데 <u>그런 줄도 모르고</u> 괜히 찾았다.

④ 약만 <u>먹을 게 아니라</u> 병원에 가서 검사를 받아 보세요.

16. 다음 밑줄 친 부분에 들어갈 말로 가장 알맞은 것을 고르십시오.

> 가: 그 선수가 실수를 안 했더라면 이번 올림픽에서 금메달을 땄을 텐데요.
> 나: 그러게요. _____.

① 그때 실수를 안 했으면 좋았을 텐데요

② 그래도 미리 실수를 했으니까 다행이에요

③ 그때 실수를 안 했으면 큰일 날 뻔했어요

④ 그렇지만 지금이라도 실수를 하면 좋을 텐데요

17. ( ) 안에 들어갈 알맞은 말을 고르십시오.

> 가: 다음 주에 제주도에 다녀오실 계획이라면서요?
> 나: 네. ( ) 갔다 오려고요.

① 기분 전환해 봤자

② 기분 전환했을까 봐서

③ 기분 전환도 할 겸해서

④ 기분 전환에도 안 좋아서

18. 밑줄 친 문장을 대화에 맞게 연결하십시오.

> 가: 방학 동안 외국에 갔다오셨다면서요?
> 나: 네, 논문 자료를 구하려고 갔어요. 여행도 하려고 했어요.

① 논문 자료도 구할 겸 여행도 할 겸 다녀왔어요.

② 논문 자료 구하려고 갔지만 여행을 했어요.

③ 논문 자료를 구해서 여행을 했어요.

④ 논문 자료를 구하는 대로 여행을 했어요.

19. (　　　) 안에 알맞은 것을 고르십시오.

> 나도 돈도 절약하고 아이들 건강도 (　　　) 과자 만들기에 도전해 볼까?

① 챙길 뿐

② 챙길 겸

③ 챙기는 한

④ 챙기는 대신

20. 다음 중 밑줄 친 부분과 바꾸어 쓸 수 있는 말을 고르십시오.

> 가: 언제까지 서류를 보내 드리면 됩니까?
> 나: 급한 거니까 가능한 한 빨리 <u>도착할 수 있게</u> 보내 주세요.

① 도착할 텐데

② 도착할 뻔하게

③ 도착한다고 해도

④ 도착할 수 있도록

21. 밑줄 친 부분을 같은 의미로 바꿔 쓴 것을 고르십시오.

> 가: 우리 엄마는 나를 이해하실 생각은 안 하시고 항상 잔소리만 해서.
> 나: <u>세대 차이가 나잖아.</u> 그래도 부모님이 너를 제일 사랑하실 거야.

① 나이 차이가 겨우 나잖아

② 나이 차이가 나야 하잖아

③ 나이 차이가 나는 셈이잖아

④ 나이 차이가 나니까 그렇잖아

실전 문법 연습 정답

실전 문법 연습 1회 정답

1	2	3	4	5	6	7
④	③	②	①	③	①	①
8	9	10	11	12	13	14
①	①	④	③	④	①	②
15	16	17	18	19	20	21
③	③	②	③	②	③	②

실전 문법 연습 2회 정답

1	2	3	4	5	6	7
②	①	②	②	③	②	④
8	9	10	11	12	13	14
②	③	①	②	④	④	②
15	16	17	18	19	20	21
②	④	④	④	③	④	②

실전 문법 연습 3회 정답

1	2	3	4	5	6	7
③	②	③	①	①	④	①
8	9	10	11	12	13	14
③	③	③	②	②	②	③
15	16	17	18	19	20	21
④	②	④	④	③	④	①

실전 문법 연습 4회 정답

1	2	3	4	5	6	7
②	④	②	④	③	①	③
8	9	10	11	12	13	14
①	③	④	④	④	①	③
15	16	17	18	19	20	21
①	③	④	③	③	②	③

실전 문법 연습 5회 정답

1	2	3	4	5	6	7
②	④	②	③	④	②	④
8	9	10	11	12	13	14
①	③	③	②	①	①	④
15	16	17	18	19	20	21
①	①	③	①	②	④	④